HISTORIA DE LAS MIGRACIONES, A MI MANERA

Saga: Reflexiones sobre la Historia, a mi manera

José Antonio Torrealday Llona

HISTORIA DE LAS MIGRACIONES, a mi manera

Saga "Reflexiones sobre la Historia, a mi manera"

Primera edición: 2024

© 2025 José Antonio Torrealday Llona
Editorial: BoD · Books on Demand,
Calle de Manzanares, 4, 28005 Madrid,
bod@bod.com.es
Impresión: Libri Plureos GmbH,
Friedensallee 273, 22763 Hamburg (Alemania)
ISBN: 978-84-1373-986-1

FSC
www.fsc.org

MIXTO
Papel procedente de fuentes responsables
Paper from responsible sources
FSC® C105338

Este ensayo está escrito para mis nietos:
Alain, Ainara, Naia, Malen y Ibai

Espero que estas reflexiones les sirvan para diferenciar entre dos tipos de personas: los que se esfuerzan por dejar el mundo al que llegaron un poco mejor de como lo encontraron y quienes, de forma egoísta, solo se preocupan de ellos mismos.

Un abrazo para todos desde allí donde ahora me encuentre

HISTORIA DE LAS MIGRACIONES, un estudio a mi manera

INTRODUCCIÓN: ¿Por qué estudiar la historia de las migraciones?

I.- MIGRACIONES Y RACISMO

1.- Sobre la migración
1.1.- ¿Qué es la migración?
1.2.- La migración: la historia que hacen los pobres
1.3.- Tipos de migraciones
1.4.- Causas de las migraciones
1.5.- Efectos de las migraciones en los países de origen
1.6.- Efectos de las migraciones en los países de destino
1.7.- Condiciones para la emigración económica

2.- Historia de las migraciones
2.1.- Las migraciones humanas prehistóricas
2.2.- Las migraciones conocidas hasta el Imperio Romano
2.3.- Las migraciones tras la caída del Imperio Romano
2.4.- El imperio mongol y sus consecuencias
2.5.- El descubrimiento de América y consecuencias
2.6.- La Gran Emigración Europea
2.7.- Las migraciones de África y América a Europa y EEUU
2.8.- La globalización y las migraciones actuales (siglo XXI)
2.9.- Las migraciones del futuro

3.- Reflexiones sobre los movimientos migratorios
3.1.- La mirada de los migrantes
3.2.- Los inmigrantes en la nueva sociedad
3.3.- La mirada de la sociedad receptora

4.- Sobre la esclavitud moderna
4.1.- ¿Qué es la esclavitud moderna?

HISTORIA DE LAS MIGRACIONES, A MI MANERA

INTRODUCCIÓN

Como no me cansaré de repetir, la Primera Ley de la Naturaleza Humana es la LEY DE LA SUPERVIVENCIA. Y hay una frase o dicho romano realmente descriptivo:

Ubi panis, Ibi Patria! (donde está el pan, ahí está la patria)

Tanto la prehistoria como la historia de los seres humanos, del Homo Sapiens, es una historia de migraciones, desde que inició su vida racional en África, hasta que hemos llegado a ocupar toda la tierra. Y todavía seguimos moviéndonos desde unos lugares a otros por el principio fundamental de la ley de la supervivencia.

En la actualidad han cambiado las formas, pero no el fondo. Las trabas estatales a la migración internacional se han puesto en vigor en todo el mundo, pero rara vez consiguen detenerla, puesto que la necesidad de los hombres y mujeres de acceder a los lugares con posibilidades económicas es la prueba de la insatisfacción humana permanente, lo que también está plenamente de acuerdo con la que defino como la Tercera Ley de la Naturaleza Humana, la de La Insatisfacción Permanente.

Las dificultades que en el siglo XXI tienen los seres humanos más pobres, que son quienes migran, están basadas en la Segunda Ley de la Naturaleza Humana, La Ley de la Fuerza, que es la que en toda la Historia de la Humanidad han utilizado los ricos y poderosos para doblegar al pueblo y convertirlo en "el tonto útil", necesario para conseguir dinero y poder.

Ellos pronto aprendieron que el pueblo llano era fácilmente manipulable, ya sea por la fuerza o por otros medios, dada su tendencia permanente al gregarismo y a vender su libertad por la limosna de una seguridad solo garantizada en tanto en cuanto beneficie al poderoso.

Delano Roosevelt definió hacia el año 1942, en plena Segunda Guerra Mundial, un concepto de equilibrios y derechos para el Homo Sapiens basados en cuatro libertades fundamentales e inalienables:

- La libertad de expresión
- La libertad de creencias
- La libertad de vivir sin miseria y
- La libertad de vivir sin temor

Pero Chomsky nos recuerda que existe, aunque solo para unos pocos, una quinta libertad inalienable y tremendamente paradójica: la de saquear y explotar a los demás. Chomsky nos recuerda que los auténticos propietarios de la Tierra, es decir los poderosos, sólo se han preocupado de las primeras cuatro libertades fundamentales para el pueblo cuando han visto amenazada "su quinta libertad", sólo cuando se ha dado una de estas dos circunstancias.

- La primera: la ruina absoluta del pueblo provocada por una guerra o que en el futuro puede ser originada por una catástrofe nuclear o climática. Así estaba Europa después de la Segunda Guerra Mundial y, además, amenazada por el comunismo, el supuesto gran enemigo del capitalismo.

- La segunda: La revolución del pueblo, siempre dirigida por personas de una formación superior, como en los casos de la Revolución Francesa, cuando se declararon los Derechos Humanos, o en la Revolución Rusa, cuando los poderosos se vieron obligados a dejar de saquear y explotar a los demás, aunque rápidamente fueron sustituidos por otros que hicieron lo mismo y con más crueldad.

¿Cómo actúan los realmente poderosos en la actualidad?

Según Chomsky, para anular en la práctica las cuatro libertades inalienables, aunque manteniendo al mismo tiempo su valor simbólico, los poderosos utilizan los aparatos ideológicos del Estado y, entre ellos, los medios de comunicación de masas: existe una tela infinita de engaños y autoengaños que se concreta en un modelo de propaganda capaz de movilizar el apoyo a los intereses privados y hacer subsidiarios los intereses comunes de la inmensa mayoría.

Chomsky entiende que, como sucedió entre el comienzo de la Primera Guerra Mundial y el final de la Segunda, la experiencia puede repetirse: en el siglo XXI el patrioterismo reaccionario está sustituyendo a los auténticos valores conservadores, que son pervertidos en su afán de disminuir las libertades comunes.

Las libertades más valoradas por Chomsky son la tercera libertad (la de no vivir en la miseria) y la cuarta (la de vivir sin temor) y son las que desde el inicio han formado parte de su corazón.

¿Y cómo podemos conseguir que quienes carecen de dichas libertades puedan acceder a las mismas con las fronteras cerradas?

¿Cómo y por qué los poderosos cierran las fronteras y, al mismo tiempo, influyen en la mente de los nacionales para generar un rechazo generalizado a quienes llegan a nuestras puertas pidiendo oportunidades para ellos y sus familias con el único objetivo de vivir sin miseria y sin temor?

¿Por qué se fomenta el odio y el racismo frente a los "externos"?

¿Por qué nos dejamos embaucar y conducir, como siempre lo hemos hecho en toda la Historia de la Humanidad, por unos pocos que conocen nuestra naturaleza mejor que nosotros?

¿Por qué se sigue manteniendo el clasismo social y ciertas formas de esclavitud en todo el mundo, se fomenta un racismo contagioso por la extrema derecha mundial y crecen las fronteras para los débiles y los pobres?

¿Por qué el mestizaje sigue siendo tabú y se presenta como una aberración por unas culturas, tanto occidentales como orientales y no como la solución para un futuro mejor de toda la humanidad?

Solo una sola vez la historia cambió, solo una vez los poderosos dieron permiso a sus empleados y subalternos, a los más pobres de sus propias culturas para mezclarse con las "clases inferiores indígenas" y fue en la colonización de América Central y del Sur por parte de las tropas españolas, donde el mestizaje funcionó tanto en sus inicios, quizá por falta de mujeres europeas, pero también durante 500 años más. La historia del mundo debería ser la historia de los mestizajes porque todos somos iguales, aunque tantos se han empeñado y siguen empeñándose en crear clases y razas y en aumentar fronteras y barreras.

La Declaración Universal de los Derechos Humanos de 1948 aprobada por la ONU incluyó entre los mismos el derecho de emigrar y también el de no emigrar junto al derecho a una vida digna. Pero parece que todos los países desarrollados, o al menos sus dirigentes, no solo han olvidado estos derechos, sino que hacen grandes esfuerzos para oponerse a ellos.

¿Por qué?

Los poderosos, los que siempre han dirigido a los seres humanos, siempre son más rápidos a la hora de reaccionar ante los cambios sociológicos y culturales y en la actualidad del siglo XXI también. Las circunstancias han cambiado pero los sistemas de acumulación de capital y poder se adaptan con rapidez.

¿Qué ha cambiado desde el siglo XX?

- Los sistemas de información masiva con Internet y las redes sociales
- La economía con la globalización mundial
- El capitalismo, que se ha separado del concepto "democracia" y adoptado el concepto "autocracia" como natural e incluso más útil para sus intereses.
- Hasta el antiguo comunismo se ha vuelto capitalista
- China ha despertado

Estos factores han desestabilizado el sistema socioeconómico del siglo XX y, mientras los políticos occidentales dormitaban, China ha salido de su cascarón y se muestra como un gigante capaz de devorarlo todo. Pero las grandes empresas tecnológicas, financieras y productivas siguen necesitando mantener un cierto equilibrio y control en los países desarrollados y también en otros países subdesarrollados capaces de fabricar productos a bajísimos costes y sin ningún tipo de controles sanitarios o de derechos humanos.

Y han matado a dos pájaros de un tiro: por una parte, levantan fronteras a la inmigración y por otra responsabilizan a los propios inmigrantes de todos los daños que ellos mismos han generado a los trabajadores de las empresas de sus países al trasladar su producción a países con costes ridículos.

Y la peor conclusión posible es la criminalización de los migrantes. Debemos analizarlo despacio y buscar alternativas.

I.- MIGRACIONES Y RACISMO

1

Sobre la migración

1.1.- ¿Qué es la migración?

La migración es el desplazamiento que se produce de un lugar a otro por una persona o una población y lleva consigo un cambio de la residencia habitual o, dicho de otra forma, en el desplazamiento geográfico de individuos o grupos, generalmente por causas económicas o sociales.

1.2.- La migración: la historia que hacen los pobres

El ser humano ha migrado desde los orígenes mismos de la humanidad, partiendo desde África. En términos prácticos, todas las personas somos migrantes o descendientes de migrantes. Los "Homo Sapiens" hemos estado en movimiento desde nuestro inicio y seguimos moviéndonos.

La diferencia entre migración y éxodo reside en que la primera generalmente obedece a motivos económicos y sociales y el éxodo es de mayor envergadura y supone una migración masiva causada por una guerra o profundos cambios climáticos o sociales. Un ejemplo de éxodo actual es el del campo a la ciudad.

La movilidad geográfica es una de las características definitorias de la humanidad en todas las épocas y civilizaciones ya que los movimientos migratorios son una constante histórica que se repite en todas ellas. Lo propio del ser humano es echar arraigo en un lugar y las migraciones son siempre consecuencias no deseadas causadas por males mayores. Todos y cada uno de nosotros preferimos crecer y vivir allá donde hemos nacido, allá donde están nuestra familia y amigos, allá donde nos encontramos a gusto con nuestra cultura y nuestros iguales.

Por ello, la historia de las migraciones es siempre la historia que hacen los más pobres entre los pobres, quienes no tienen otro remedio que trasladarse a otro lugar para sobrevivir. La historia la han escrito los que ganan, pero la han hecho los perdedores, aunque nunca ha sido contada con objetividad, porque la verdad es lo primero que se olvida al narrarla en función de los intereses de quien contrata al contador.

Todos los grandes imperios y culturas nacieron a partir de una migración anterior y el ejemplo más cercano y evidente lo tenemos en Estados Unidos, un país que hace 300 años no existía como tal y que los inmigrantes construyeron.

1.3.- Tipos de migraciones

Solo voy a definir conceptos claros y simples:
-       Temporal, si es por un plazo con ánimo de volver.
-       Permanente, si no se piensa en volver.
-       Voluntaria, en busca de una vida mejor
-       Forzada, en contra de la voluntad
-       Interna, dentro del país de origen
-       Internacional, fuera del país de origen

1.4.- Causas y razones de las migraciones

Causas socioeconómicas
- Huida de la pobreza
- Buscar acceso al trabajo por el desempleo del país de origen
- Buscar un mejor nivel de vida
- Mejores condiciones de trabajo y de remuneración
- Pura supervivencia
- Situación de hambre y miseria

Los éxodos y las grandes migraciones están relacionadas con:
- Las persecuciones políticas, étnicas y religiosas
- Los cambios y catástrofes climáticas
- La decadencia o auge de determinadas regiones
- La huida del exterminio o de la persecución o del ejército vencedor
- La huida de la venganza política, económica o social
- Las guerras

Causas de las migraciones antiguas
- Las primeras se considera que fueron por motivos climáticos, disponibilidad alimentaria o factores medioambientales.
- Cuando se impuso la agricultura y se asentaron las poblaciones nómadas, las causas de la migración empezaron a ser las guerras y el colonialismo.

Razones de las migraciones modernas
- Hambre
- Desempleo
- Guerras
- Persecuciones políticas, étnicas o religiosas
- Cambios y catástrofes climáticas
- Trata de personas
- Decadencia o auge de regiones
- Reunificación familiar
- Estudios
- Turismo, etc.

1.5.- Efectos de las migraciones en los países de origen

Definir bien los conceptos desde el inicio es fundamental para poder utilizar criterios objetivos basados en un pensamiento crítico fundamentado al analizar las migraciones del siglo XXI. Como nos lo recuerda Noam Chomsky, ya se preocuparán los poderosos de cargar sus informaciones con bombas incendiarias para justificar las fronteras más altas posibles, en función de sus propios intereses. Nosotros debemos exponer "la otra verdad". Los efectos de la migración en los países de origen son positivos y también negativos.

Efectos positivos:

1.- La emigración supone, en general, un alivio ante la fuerte demanda de empleo que no puede ser absorbida y por problemas de superpoblación.

2.- La llegada de las "remesas", cantidades de dinero enviadas por los emigrantes a sus familiares, es siempre bienvenida y ayuda a mejorar de forma significativa su nivel de vida y su capacidad para crecer hacia una economía más potente. En México, por ejemplo, las "remesas" representaron el 2,1% del PIB en 2010, como segunda fuerza aportadora de divisas por detrás de las exportaciones de petróleo y por delante del turismo o la inversión extranjera. En los países subsaharianos las remesas de sus emigrantes llegan a suponer entre el 12% y el 20%

del PIB en países como Senegal y Gambia, donde la tasa de pobreza sobrepasa el 50% de sus habitantes.

3.- Otro importante efecto positivo es el retorno de emigrantes con una capacitación y una experiencia adquiridas, e incluso con medios económicos que reinvierten en el país de origen.

Pero también se producen efectos negativos como:

1.- La desestructuración de las familias que genera problemas afectivos entre sus miembros e inadecuada atención a los hijos.

2.- La salida de personas cualificadas cuya formación ha tenido un coste para la sociedad de la que proceden, generando una posible pérdida de fuerza de trabajo muy valorada y necesitada en los países en desarrollo.

3.- La dificultad mayor para mantener sus costumbres y cultura

1.6.- Efectos de las migraciones en los países de destino

. La inmigración tiene, según mi criterio, varios efectos muy positivos en los países de destino:

1.- La inmigración de trabajadores jóvenes ayuda a mantener el equilibrio en los sistemas de seguridad social y se convierten en imprescindibles para poder pagar las pensiones crecientes de los jubilados autóctonos.

2.- En los ciclos expansivos se incrementa la inmigración y en épocas de recesión se tiende a evitar sobrecostes a base de reducir trabajadores inmigrantes por ser los más vulnerables, viéndose obligados a regresar a sus países, influyendo de forma favorable en las tasas de desempleo. La inmigración ayuda, pues, a minorar los efectos de los ciclos económicos, ya que crece cuando son favorables y cuando son negativos los inmigrantes son los primeros en ser despedidos. Las tensiones laborales y sociales decrecen.

3.- Otra gran ventaja para el país receptor es que se le aporta una fuerza laboral en la que no ha tenido que invertir, llegando justo en la edad de incorporarse al mercado laboral. Y se vuelven contribuyentes netos al poco tiempo.

4.- También está demostrado que los nuevos ciudadanos son mucho más emprendedores que los autóctonos, al ser personas que lo sacrifican casi todo por conseguir un mundo mejor y que saben ver con otros ojos y aprovechar las oportunidades con su disposición a trabajar mucho más duro para conseguir sus objetivos. Incluso se considera por muchos expertos que la ventaja cualitativa de la sociedad norteamericana sobre las demás está precisamente en las aportaciones de los inmigrantes al desarrollo del país, porque en EEUU, los inmigrantes crean nuevas compañías a un ritmo doble que los nativos.

5.- Un estudio realizado en Suecia entre los años 1980 y 1990 demostró que la contribución de los inmigrantes a través de los impuestos superaba con creces el coste que la inmigración representaba para el Estado.

Sin embargo, demasiadas informaciones populistas dirigidas por grupos de extrema derecha o por mentalidades racistas, se han fijado en los potenciales aspectos negativos que la inmigración genera. Unos estudios de 2017 concluyeron que el impacto de la inmigración en términos macroeconómicos es "más bien exiguo" y sin embargo, se sigue poniendo a la inmigración como causante de los siguientes males:

1.- El aumento del desempleo: Como ya hemos explicado, los inmigrantes tienden a cubrir los puestos de trabajo que no quieren los nacionales y son siempre las primeras víctimas de los períodos de recesión.

2.- La caída de los salarios: aunque la mayoría de los estudios realizados afirman que el efecto de la migración en los salarios de los trabajadores nativos de EEUU, incluso los menos cualificados, es prácticamente nulo.

3.- La disputa y el abuso de los servicios sociales: En cuanto a los sistemas de la seguridad social, la inmigración ayuda a mantener el equilibrio en tales sistemas al incrementar la proporción de trabajadores activos y con ello las contribuciones a la seguridad social. Los inmigrantes, lejos de ser un coste para los servicios sociales, el sistema de educación, etc. en muy poco tiempo se convierten en contribuyentes netos al ser más jóvenes que la media de la población nativa.

4.- La rebaja de los precios de los inmuebles en sus lugares de residencia e infestar de plagas y enfermedades su entorno: son simples afirmaciones tendenciosas, porque precisamente al aumentar la demanda de viviendas en compra o alquiler, en todo caso se generaría el efecto contrario. Otro tema es la mentalidad racista de algunos o su rabia y envidia cuando comprueban que el recién llegado, con su esfuerzo y trabajo, es capaz de avanzar más rápido y mejor en la carrera de la vida.

5.- Genera más violencia y delincuencia: Hay estudios que acreditan que el número de encarcelados inmigrantes es proporcionalmente menor en EEUU que el de los ciudadanos norteamericanos.

Limpiar las mentes de nuestros propios ciudadanos con criterios objetivos y actitudes basadas en un pensamiento crítico debe ser el primer paso para cambiar su forma de pensar y ser justos con todos.

1.7.- La "Trampa de la pobreza"

Se conoce como "Trampa de la pobreza", la posición en la que se encuentran los potenciales migrantes de países emisores que tienen tal nivel de pobreza que impide que quienes más pueden ganar desplazándose a países más desarrollados, no lo intentan por su incapacidad para financiar los costos de la emigración. A sensu contrario, cuando se empieza a mejorar el nivel económico del país de origen, se incrementa notablemente la capacidad migratoria de los habitantes y, con ello, crece la presión migratoria hacia los países desarrollados.

La conclusión que obtenemos de la denominada "Trampa de la pobreza" es que, cuando ciertos políticos hablan de invertir en los países de procedencia, lo único que conseguirán será incrementar el número de personas dispuestas a arriesgarse y dar el salto hacia Occidente, por haberse elevado sus capacidades económicas por encima de dicha trampa. Cuando los países pobres comienzan su normalmente larga modernización económica, es cuando se acentúa la emigración.

Todo proceso de modernización implica una doble transición demográfica: el progreso de la nutrición, junto con la salud, hace caer la mortalidad infantil y ello aumenta la tasa de supervivencia. Algunos años más tarde, los numerosos niños que han sobrevivido, cuando llegan a jóvenes adultos, son precisamente los candidatos más sensibles a verse tentados a emigrar.

2

Historia de las migraciones

2.1.- Las migraciones humanas prehistóricas

2.1.1.- De la selva a la sabana

El ser humano ha migrado desde los orígenes mismos de la humanidad, partiendo desde África. En términos prácticos, todas las personas somos migrantes o descendientes de migrantes.

Una especie con algunos rasgos humanos junto con otros más arcaicos, que parecen convertirlos en precursores del Sapiens y que, posiblemente, se mezclaron con otras especies cercanas, ya vivía en Sudáfrica hace 235.000 y 335.000 años.

Se cree que hace 200.000 años el Homo Sapiens aún no había salido todavía de África, aunque los últimos descubrimientos demuestran restos humanos anteriores a esa fecha en Marruecos.

Durante estos últimos 200.000 años el ser humano se ha extendido por todo el mundo, llegando hasta sus confines y se ha ido adaptando a cada región de forma que el color de su piel y de su pelo, entre otros caracteres morfológicos, se ha ido acomodando al clima de cada zona geográfica con el paso del tiempo.

2.1.2.- De la cuna africana al mundo entero

A.- Nuestros parientes humanoides

Los Australopitecos, como todas las especies humanoides, nunca salieron de África y allí se extinguieron.

El Homo Erectus se estima que salió de África hace más de 600.000 años y se considera que se dispersó en Eurasia, llegando desde China hasta todo Europa. El Homo Floresiensis ya vivía en Indonesia en las mismas fechas. El Homo Erectus y el Homo Heidelbergensis, considerados ancestros o especies emparentadas, ya andaban por Eurasia hace 700.000 años. El Homo Heidelbergensis se desarrolló a partir del Erectus y se expandió por Europa, hasta Inglaterra y Alemania.

Los Neandenthales, cuyo territorio principal era Europa, podían haber vivido desde Siberia a Oriente Medio y en todo Europa. Se estima que los primeros contactos del Homo Sapiens con los Neandenthales pudieron ser hace más de 50.000

años y quizás que incluso fueron eliminados por el Homo Sapiens, porque fueron siendo reemplazados por nosotros allí donde llegábamos.

B.- El Homo Sapiens

Las primeras migraciones se dieron por la búsqueda de comida y nuevos territorios para sobrevivir. En África los primeros pobladores se encontraban distribuidos por todo el continente formando pequeños grupos familiares dedicados a la caza, la pesca y la recolección. Pudo influir el crecimiento demográfico del grupo de origen o una disminución de los recursos alimentarios. Se calcula que avanzaban no más de 300 metros anuales de media. El Homo Sapiens se desarrolló en África hace unos 200.000 años y, una vez consolidado como especie, colonizó el mundo y fue sustituyendo a las demás especies de Homo existentes.

El Homo Sapiens emigró de África entre hace 90.000 y 130.000 años, aunque otras migraciones anteriores no se pueden desechar. Ya se sabe que llegaron a Australia y Nueva Guinea entre hace 65.000 y 40.000 años, a América hace unos 17.000 años y a Nueva Zelanda hacia el año 1.000 d.C. Se calcula que hace unos 55.000 años tuvo lugar la ola (u olas) principal de emigración del Homo Sapiens de África hacia Eurasia. Como demuestran los nuevos descubrimientos, los primeros Homo Sapiens emigraron de África a Asia por la península del Sinaí o por Yemen y desde Arabia y Siria a toda Asia y después a Europa, Australia y América.

En Europa se han encontrado huesos de hace 43.000 años en Alemania e Italia, en Borneo de hace 45.000 años, en China de hace 40.000 años y en Japón de hace 24.000 años. En América los restos arqueológicos humanos más antiguos encontrados son los de Chile, de unos 14.800 años.

Según las últimas investigaciones la llegada a América no se produjo en un período interglacial, cuando se registraban temperaturas más apropiadas para las grandes migraciones, sino durante la última glaciación, ya que la acumulación de hielo en los continentes hizo disminuir el nivel del mar, creando un puente natural entre Asia y América y aprovechando la existencia de un corredor natural libre de hielos entre la capa de hielo Laurentino y el glaciar existente sobre las montañas occidentales de América del Norte.

Quizás hasta hace 12.000 años el sistema de avance humano consistía en el descubrimiento de nuevas tierras a medida que crecía la población y en el dominio de los pueblos más fuertes sobre los más débiles. Lo que hoy somos físicamente, lo que nos une a todos los seres humanos es que todos somos nietos de la misma abuela.

Lo que nos separa son elementos simplemente circunstanciales, fruto de nuestra inmensa capacidad de adaptación al medio ambiente. Como se viene a decir, lo único permanente es el cambio, pero lo que cambia siempre son las formas, pero nunca el fondo: somos todos uno, es decir, todos somos Homo Sapiens.

La palabra "raza" siempre ha servido para "clasificar" a otras personas de rasgos superficiales diferenciados como "inferiores" y con la única finalidad de someterlas, dominarlas y utilizarlas para obtener beneficio. Pero desde el rechazo del concepto "esclavitud" en el siglo XIX, las razones del racismo han variado en sus formas, pero no en el fondo y las personas de culturas más avanzadas y especialmente si coinciden con economías también más avanzadas, hemos seguido considerando y tratando a "los diferentes" como inferiores.

Es propio de los seres humanos, por su sujeción a las tres Leyes de la Naturaleza Humana, el egoísmo y el ansia de superación y dominio sobre las demás personas. Nuestra educación occidental nos ha transmitido durante los últimos 500 años el convencimiento de nuestra superioridad sobre los demás habitantes de la tierra, siempre basándonos en nuestra superior cultura y el color más blanquecino de nuestra piel.

Hemos de reconocer que, por ejemplo, los chinos también se consideran a ellos mismos como superiores a todos los demás habitantes planetarios influenciados por una cultura mucho más antigua y en muchos aspectos mucho más sabia, que cualquier otra. Y un estudio realizado por científicos y sociólogos viene a demostrar que todo grupo cultural y todo país o imperio que en el mundo han sido siempre se ha considerado superior al resto.

Está demostrado, pues, que todos los seres humanos estamos sujetos a las mismas Leyes de la Naturaleza Humana y también tenemos las mismas tendencias innatas latentes y las mismas capacidades innatas latentes.

¿Hay algún grupo humano superior a los demás en el planeta tierra?

¿Hay algún grupo humano inferior?

No, ninguno.

2.1.3.- De la sedentarización a los grandes imperios

A.- La revolución agraria

La revolución cultural de hace unos 9.000 años consistió básicamente en el desarrollo de la agricultura intensiva, lo que trajo consigo un desplazamiento enorme a las poblaciones, abandonando millones de personas su vida nómada para hacerse sedentarios. La migración y la sedentarización se dieron paralelas entre los 12.000 años a.C. y los 5.000 a.C. según las distintas regiones del mundo. Con inmensos espacios sin ocupar, los movimientos de población se debieron más a motivaciones agrarias que a una voluntad de conquista. Así sucedió con los celtas (gálatas en griego) en la Europa occidental que poblaron de forma organizada el suelo europeo.

La agricultura sedentaria generó la acumulación de valiosos recursos materiales, que se prestan tanto para ser robados como defendidos, además de permitir la construcción de elaboradas jerarquías sociales y tecnologías cada vez más efectivas para la comunicación, la coordinación y el comercio.

B.- El invento de las ciudades y los grandes imperios

La agricultura generó prosperidad y la especialización de las personas en actividades diferenciadas, en especial en las ciudades. A partir de ese punto, aparecieron los hombres capaces de organizar las ciudades y, con la disculpa de proteger y dar seguridad a los agricultores del campo y a los artesanos y comerciantes de la ciudad, dividieron las sociedades en clases, poniéndose siempre los líderes en el listón más alto y creando un ejército para "defenderlos".

En el nacimiento de las grandes civilizaciones e imperios hay siempre una historia de emigración en sus orígenes. La primera migración es de una vida nómada a una vida sedentaria, buscando las tierras que mejor se adaptaban a los cultivos, domesticando animales y seleccionando semillas.

La segunda gran migración o éxodo, que aún permanece, es la del campo a la ciudad. La evolución humana ha promovido inclinaciones y actividades sociales constructivas, que incluyen numerosos aspectos de la coordinación social para el aprendizaje, las manualidades y la fabricación de herramientas, la construcción de viviendas, recintos para animales, sistemas de almacenamiento de alimentos, creación de cultivos, así como para la domesticación de animales, organización de movimientos diarios y migratorios de personas, etc.

Nacieron los líderes, los hombres singulares capaces de organizar ese nuevo mundo en su propio beneficio y por la Tercera Ley de la Naturaleza Humana, la Ley de la Insatisfacción Permanente, descubrieron que podía ser mucho más rentable apoderarse por la Ley de la Fuerza de los bienes acumulados por otras tribus, pueblos y ciudades, sin necesidad de trabajar para conseguirlos.

Y como la ambición humana es infinita e insaciable, surgieron los imperios mediante el uso de la guerra como factor de dominio.

C.- El invento de las guerras

La guerra es una adición cultural comparativamente reciente, adquirida desde hace 10.000 años aproximadamente.

Nuestra especie es capaz de ejercer violencia tanto a nivel individual como a nivel grupal. Pero esta tendencia está muy lejos de ser una necesidad, aunque si una predisposición buscando oportunidades para explotar. Considero que los seres humanos tenemos una tendencia innata hacia la violencia cuando nuestro objetivos y deseos no se cumplen sin ella. Las personas, como resultado de ello, son susceptibles de modificar su comportamiento, aunque no su naturaleza.

La selección natural ha dotado a nuestra especie de una predilección por la violencia en determinadas circunstancias como:

- Cuando la competencia por los recursos es alta: por comida, pareja, territorio, riquezas, poder, etc.
- Bajo una variedad de otras condiciones sociales, por ejemplo, cuando las cuestiones de estatus social son suficientemente intensas.

La evolución de un nivel excepcionalmente alto de inteligencia humana también sentó las bases para el desarrollo de técnicas de guerra cada vez más elaboradas.

D.- Historia de origen Cherokee

Como nos lo expone David B. Barash en su artículo: "Son los seres humanos naturalmente violentos y belicosos?": en el ser humano hay una tendencia a la violencia que se manifiesta en su mayor crudeza en las guerras permanentes desde hace al menos 4.000 años antes de Cristo (Imperio Sumerio). Barash afirma, de todas formas, que es científicamente insostenible que nuestra especie esté biológicamente condenada a la violencia incesante.

Y nos explica la historia de origen Cherokee siguiente:

"Una joven se vio perturbada por un sueño recurrente en el que dos lobos luchaban ferozmente entre sí. Cuando le contó el sueño a su abuelo, un anciano del pueblo cherokee famoso por su sabiduría, él le explicó que dentro de cada uno hay dos lobos, uno pacífico y otro guerrero. Ante esto, la niña se molestó aún más y preguntó cuál ganaba. La respuesta de su abuelo: "El que tu alimentas".

Desde mi humilde posición de aprendiz permanente de filosofía, me atrevo a exponer mi propio criterio: Los seres humanos tenemos unas tendencias innatas a la violencia, al odio, a la avaricia, al poder, etc., pero también tenemos capacidades innatas para amar, desear el bien ajeno, empatizar, ayudar a los demás y combatir y dominar nuestras propias tendencias, incluidas la violencia, la envidia, la rabia y todas las demás.

Sin embargo, pienso que las tendencias innatas surgen en nosotros ante cualquier oportunidad de aprovechamiento e incluso sin estímulo exterior, mientras que nuestras capacidades necesitan una especie de enseñanza o estímulo para que crezcan y se pongan en marcha.

Como lo explica la historia Cherokee, entre los dos lobos internos (nuestras tendencias y nuestras capacidades) ganará el lobo que mejor alimentado esté, pero para ello hace falta alimentar y educar mejor a nuestras capacidades porque las tendencias ni siquiera necesitan ser alimentadas para manifestarse.

2.2.- Las migraciones conocidas hasta el Imperio Romano

2.2.1.- Los grandes Imperios

Un Imperio es una "unidad política" o un conjunto de muchos estados o territorios separados bajo un gobernante supremo o una oligarquía. Esto contrasta con una federación, que es un Estado extenso formado por Estados y pueblos autónomos.

Los Imperios siempre nacieron por la invasión de unos pueblos más poderosos o con ejércitos mejor preparados sobre otros pueblos y ciudades ricas de su zona de influencia, mediante la guerra abierta para apoderarse de sus riquezas presentes y futuras y la conversión de los ciudadanos de zonas conquistadas en esclavos o siervos del Imperio.

Los primeros imperios, como todos los que en la Historia de la Humanidad han sido, se crearon por la Ley de la Fuerza y generaron inmensos procesos de migraciones de pueblos y ciudades, obligadas al convertirse en esclavas o también para huir de su dominio. El centro del imperio ejerce el control político, económico y social sobre las periferias subordinadas.

Los primeros imperios conocidos son los siguientes:

Imperio sumerio (desde el año 4.000 a.C. aproximadamente)

Imperio egipcio (desde antes del 3000 a.C.)

Imperio acadio (desde 2.500 a.C. aproximadamente)

Imperio amorreo (desde antes del 2.000 a.C.)

Imperio babilónico (desde 1.800 a.C. aproximadamente)

2.2.2.- Fenicia, Cartago, Grecia y Roma hasta el siglo III d.C.

Las sociedades estaban ferozmente divididas en clases sociales que marcaban todos los aspectos de la vida cotidiana, incluso la vestimenta (el paño y el color de las túnicas quedaban determinados por la clase social y era un delito muy grave hacerse pasar por otro con un color inapropiado).

Fenicia, Grecia, Cartago y Roma organizaban flujos migratorios como método para establecer colonias con el fin de expandir el comercio de la metrópoli, que constituía su principal medio de subsistencia.

El Imperio Romano llegó a dominar a las otras tres civilizaciones e impuso la creación de un extenso mercado en todo el Mediterráneo de trabajadores esclavos, tratados como mercancías, que eran trasladados de las zonas conquistadas a las zonas agrícolas y a la propia Roma. La antigüedad optó por someter a los hombres y mujeres al régimen de propiedad.

Roma fue un hervidero de extranjeros donde se mezclaban habitantes de todo el imperio, si bien en ocasiones se limitó la entrada de determinados grupos, considerados peligrosos por sus creencias, pero nunca se limitó el movimiento migratorio.

Tras las guerras con Aníbal, los campos de Italia quedaron prácticamente despoblados por el flujo migratorio del campo a Roma y creciendo ésta de forma desequilibrada, lo que la transformó en una urbe caótica con distritos paupérrimos, similares a las favelas latinoamericanas. La importación de los cereales se llevaba a cabo desde Sicilia y Egipto.

Más de 10.000 esclavos eran ofrecidos cada día en la ciudad de Roma, lo que supuso un segundo movimiento migratorio hacia Roma, que unido a la costumbre romana de liberar a los esclavos no productivos por edad, generó en la ciudad la nueva clase social de los libertos, que se mezcló con la plebe urbana.

2.2.3.- Roma desde el siglo III d.C.

Los ciclos productivos empezaron a cambiar de signo al empezar a escasear los esclavos procedentes de las guerras. La mano de obra esclava fue reemplazada por otras formas de control de la movilidad de los trabajadores, especialmente su adscripción a la tierra y la creación de formas de vasallaje como colonos, que impedían la migración de los hombres hacia las ciudades, mediante normas. Serán la base para el futuro medievo feudal.

En la época de Constantino ya eran los gobernadores provinciales quienes se responsabilizaban del retorno de quienes saliesen de sus tierras. También se empezó a aplicar este sistema a trabajadores de gremios de la ciudad, limitando las migraciones entre campo y ciudad.

2.3.- Las migraciones tras la caída del Imperio Romano

2.3.1.- El período de las grandes migraciones bárbaras

Entre el siglo IV y el siglo VI estas invasiones o migraciones marcaron el paso de la Antigüedad tardía a la Alta Edad Media. Podemos distinguir dos etapas:

La primera: entre los años 300 y 500: Los primeros fueron los visigodos huyendo de los Hunos en el año 376. Las autoridades romanas los aceptaron con la condición de defender la frontera del Danubio. El año 395 se produjo la división del Imperio Romano entre Oriente (Constantinopla) y Occidente (Roma) y, ante su debilidad, los visigodos invadieron Italia y saquearon, dirigidos por Alarico, la ciudad de Roma el año 410; terminaron fundando un reino que duró casi 300 años en Hispania.

En los primeros años del siglo V los vándalos, suevos y alanos saquearon la Galia y se dirigieron a Hispania. El año 429 los vándalos cruzaron el estrecho de Gibraltar hacia África y el año 439 conquistaron Cartago. El año 440 los sajones y otros grupos germánicos se establecen en Gran Bretaña. El año 451 los Hunos de Atila son derrotados en la batalla de "Los Campos Cataláunicos" por una coalición de romanos y galos. El año 489 el rey ostrogodo Teodorico El Grande invade Italia y se apodera de Rávena, la capital imperial romana y la convierte en la capital de su reino de Italia.

A finales del siglo V llegaron los francos a la Galia, se introdujeron en las tierras de forma lenta y pacífica y en general fueron bien aceptados por la población galorromana. El reino franco llegó a ser el núcleo de los estados futuros de Francia y Alemania.

La segunda: Entre los años 500 y 600: estuvo caracterizada por el establecimiento de tribus eslavas en Europa Central y Oriental entre los años 545 y 577. Así llegaron los búlgaros y los lombardos que se establecieron en el norte de Italia. Fin de las grandes migraciones de Europa.

2.3.2.- El inicio e influencia del feudalismo en Europa

El feudalismo fijó a los campesinos al suelo, es decir, a la tierra y las aldeas de los distintos feudos, siguiendo las directrices impuestas con anterioridad en el Imperio Romano. Las grandes ciudades de la época romana casi desaparecieron o se convirtieron en pueblos. Solamente Venecia, Génova y unas pocas ciudades dedicadas al comercio sobrevivieron y fueron intensivas en la migración de gente rural hacia las propias ciudades.

En la Baja Edad Media se inició el desarrollo de muchas ciudades, como la Liga Hanseática en el norte y las italianas en el sur, que necesitaron más personal productivo produciendo así grandes desplazamientos del mundo rural a la ciudad.

2.4.- El imperio mongol y sus consecuencias

El Imperio surgió en el siglo XIII llegando a Europa en la década de 1240 y prolongando su dominio en China hasta 1378. Genghis Khan unificó a varias confederaciones de pueblos nómadas mongoles y túrquicos, como los uigures y los tártaros. Los mongoles crearon un imperio de 30 millones de kilómetros cuadrados de extensión e indujeron al desplazamiento de la población en una escala nunca antes vista, en particular en Asia Central y Europa Oriental, mediante el terror y el pánico por su enorme crueldad.

Grandes áreas del Asia Central y del nordeste de Irán quedaron despobladas, huyendo sus gentes ante la amenaza mongola. Según su costumbre, cada soldado mongol debía ejecutar un mínimo de personas, según las circunstancias, que podía llegar a cifras de hasta 30 personas, que multiplicadas por los 10.000 o 20.000 jinetes de cada horda, podían llegar a vaciar grandes comarcas para atemorizar a las todavía no conquistadas.

Los mongoles invadieron y destruyeron el Rus de Kiev e invadieron Polonia, Hungría y Bulgaria en Europa. El desplazamiento de las gentes de las zonas próximas a las invadidas ocasionó los mayores éxodos humanos de la historia.

El Imperio Turco nació el año 1299, tras haber sido expulsados de su país de origen por las hordas mongolas.

2.5.- El descubrimiento de América y consecuencias

Nelson Manrique en su artículo "Algunas reflexiones sobre el colonialismo español" nos expone una visión realista del colonialismo español de Centro y Sur América, aunque yo lo matizo en algunos aspectos.

2.5.1.- El cristianismo intolerante y excluyente en España

El fundamento de la "identidad española" de la época de la colonización americana, siglos XVI y XVII, dada la diversidad de los habitantes de la península, terminó siendo la condición de "cristiano viejo". Surgió así, a partir del siglo XVI, un cristianismo intolerante y excluyente que comenzó con una persecución contra los semitas, y devino en una feroz persecución cultural contra los judeoconversos, hasta cristalizarse en una abierta persecución racial, consagrada en la instauración de los "Estatutos de limpieza de sangre" que se generalizaron desde mediados del siglo XV y a lo largo del siglo XVI, descalificando a todo aquel acusado de tener "sangre infecta" (los cristianos nuevos), por razones abiertamente biológicas.

Todo esto sucedía al mismo tiempo que América era descubierta, conquistada y colonizada. Este hecho dejaría profundas huellas en la construcción del orden colonial.

2.5.2.- El mestizaje

Se llevó a cabo un mestizaje generalizado entre los conquistadores y las mujeres indígenas de los dominios coloniales, por una causa biológica fundamental como es la carencia de mujeres españolas por ser el noventa por ciento de los soldados y los migrantes españoles hombres.

La conquista y la colonización española fueron de hombres que escapaban de la "dura realidad de la España ruinosa" que había recién terminado las guerras con los musulmanes. Los antiguos soldados no tenían más salida que alistarse en nuevas guerras y las más innovadoras y potencialmente enriquecedoras estaban en América, donde el botín y las mujeres serían su recompensa.

2.5.3.- La colonización española de América y el mestizaje

En los siglos XVI y XVII la emigración de españoles estuvo muy regulada por el Consejo de Indias, pues el nuevo continente era concebido como un bien que había que preservar, no solo económicamente sino también moralmente y por ello se impedía el viaje a extranjeros, judíos, moriscos, gitanos y a los acusados de herejía.

Este encuentro de cinco siglos entre el año 1500 y el 2000 alumbró uno de los hechos históricos más novedosos y sin parangón en la Historia de la Humanidad: EL MESTIZAJE, siendo Iberoamérica el continente más mestizo y con más población indígena de los conquistados por los países imperialistas por excelencia: Inglaterra, España y Portugal. Los españoles y portugueses no dudaron en casarse con indias, a las que consideraban seres humanos iguales a ellos. Sin embargo, los ingleses llevaron prostitutas para no mezclarse con la población nativa. El mestizaje, con sus luces y sus sombras, es una de las primicias de la fraternidad universal que la migración ha propiciado.

2.5.4.- El racismo antiindígena

El mestizaje ni fue perfecto ni pudo escapar de las condiciones que la naturaleza humana impone allí donde se siente poderosa o superior, como lo ha sido siempre el "hombre blanco" en todo el mundo. El racismo es uno de los componentes fundamentales de la dominación social instaurada por los imperios dominantes y continuada por las repúblicas oligárquicas posteriores a la independencia de las colonias, cumpliendo una función decisiva en la legitimación de las exclusiones, pues "naturaliza" las desigualdades sociales. El racismo es, ante todo, una ideología y, como tal, sirve para consagrar un status quo determinado e impone una manera de mirar el mundo.

Parto de que nos son las razas las que crean el racismo, sino que es a la inversa: el racismo construye las razas. Y la cuestión que de verdad importa es que basta que una fracción significativa de la población crea que las razas existen para que esta convicción establecida en la intersubjetividad social (el sentido común de la gente) tenga profundas implicaciones en la realidad social. Y que tiende a mantenerse.

El racismo peruano actual y español anterior es en esencia, un racismo colonial. Se construyó a partir de las categorías mentales que portaban los conquistadores, forjadas en los conflictos que enfrentaron a los cristianos contra los musulmanes y los judíos en España en el crucial momento de su constitución como nación.

2.5.5.- El racismo interiorizado

Como toda ideología dominante, el racismo colonial no solo fue portado por los colonizadores, sino que fue interiorizado y aceptado como "verdadero" por los grupos colonizados. Esto contribuyó poderosamente a la estabilidad del orden colonial. Este estereotipo de la "inferioridad natural" del indio se extendió y aceptó por ellos mismos.

Con la ruptura colonial en el siglo XIX la situación no cambió y el racismo antiindígena pasó a cumplir el rol de soporte de la dominación de la élite criolla y se implantó un orden oligárquico donde el discurso racista sirvió para legitimar la dominación social. El sufragio selectivo debía apartar a los indios del voto, por su "incapacidad natural" .

El racismo, como sustrato inconsciente, formaba parte del sentido común inclusive de los intelectuales progresistas que mayores simpatías sentían por los indios en el siglo XIX y gran parte del siglo XX.

2.5.6.- Comparativa entre el imperialismo español y el inglés

En todo caso, el imperialismo inglés siempre se mostró reacio al mestizaje con las "razas inferiores salvajes" a las que marcó una distancia inabordable y que incluso llevó al casi exterminio en las colonias de Estados Unidos, Australia y Nueva Zelanda.

Los gobiernos independientes de estos países tampoco se moderaron en su tratamiento con la población autóctona a lo largo del siglo XIX, siempre siguiendo las pautas del racismo y clasismo absolutos entre una raza superior dominante y unos molestos aborígenes que dificultaban el desarrollo de las nuevas regiones.

Tanto la conquista española como el trato posterior con los indígenas de sus dominios fueron mucho más humanos, llegando, como ya hemos expuesto, a un mestizaje singular y a una normalización relativa, tal como lo expongo en el ensayo que he desarrollado sobre la historia del racismo

2.6.- La Gran Emigración Europea (1800 – 1950)

2.6.1.- El éxodo rural a la ciudad

El desarrollo de la Revolución Industrial causó el mayor proceso migratorio de la Historia, que no ha terminado aún, el llamado éxodo rural que involucró a miles de millones y que sigue dando lugar al crecimiento descontrolado y excesivo de las ciudades, que aún continúa en los Estados en desarrollo.

2.6.2.- Migraciones internas en Europa

La burguesía, que se había constituido en Europa en el siglo XVIII como una clase media acomodada y una clase alta cuyo origen no era el de la nobleza, poseía un cierto capital cultural y económico y se colocó como un sector en ascenso al ampliarse los sistemas productivos de la Revolución Industrial de forma gradual.

En Europa las relaciones sociales de producción adoptaron una forma asalariada que llevaron a una mayor acumulación de riqueza en pocas manos y a la aplicación de la lógica capitalista.

Al eliminarse la religión de su anterior estatus social, también se empezó a cuestionar la legitimidad de los reyes y su "derecho divino". Filósofos e intelectuales se preguntaron por los fundamentos racionales de gobierno y los límites y responsabilidades de la autoridad, así como por los derechos, libertades y obligaciones del pueblo.

En Europa hubo países como Francia y Alemania que de forma pronta e inteligente se adaptaron a la revolución industrial, mientras otras como España, Italia, Portugal y las del sur y este de Europa tardaron demasiado tiempo en comprender lo que realmente estaba sucediendo en el panorama económico y social europeo y americano.

Así se inició la migración de trabajadores hacia Inglaterra, por ser la más avanzada y la que más trabajadores demandaba y hacia Francia, Alemania y los Países Bajos, además de hacia América, desde Italia y otros países del este europeo, mientras los de Portugal y España quedaban aún más rezagadas, por la ya estudiada "Trampa de la pobreza".

2.6.3.- De Europa a América

La Revolución Francesa de 1789 abolió el sistema feudal y los derechos nobiliarios y los ideólogos y políticos liberales concibieron y crearon los Estados-nación proclamando la igualdad entre todos los hombres.

También en el siglo XIX surgieron los nuevos principios de la modernidad capitalista, en la que el orden mundial debía estar garantizado por los distintos Estados-nación de Europa y América.

El principio de igualdad exigía la liberación de los esclavos afrodescendientes, pero escondía lo que muy pronto sería evidente: el hecho de que había personas dentro de cada Estado-nación que seguían sin ser tratadas en igualdad: los afrodescendientes y los integrantes de los pueblos originarios considerados "inferiores por naturaleza", de "raza negra" y "raza roja". Las minorías étnicas no fueron reconocidas como sujetos de derechos en países como EEUU y Brasil, mientras en otros países como México se reconoció la igualdad jurídica de los individuos, con independencia de su etnia. Esta creencia de la superioridad del "hombre blanco" se institucionalizó en claras prácticas de ejercicio de poder, de exclusión y de inferiorización.

60 millones de europeos emigraron a América del norte entre 1820 y 1920. El objetivo era mejorar las expectativas económicas y conseguir una vida mejor, es decir, escapar de la pobreza. En el siglo XIX se cumplieron en parte de Europa las condiciones para emigrar.

Desde 1820 hasta 1846 fue creciendo el número de emigrantes europeos hasta llegar a los 300.000 anuales en ese último año, para pasar a duplicarse en los dos decenios siguientes y pasar del millón anual al término del siglo XIX.

Si a inicios del siglo XIX la mayoría de los migrantes eran ingleses, irlandeses y alemanes, a partir de 1880 la mayoría procedían de Italia y los países del sur y este de Europa, absorbiendo EEUU el 64% y Argentina el 17%. A finales del siglo XIX el 30% de la población de Argentina y Nueva Zelanda era nacida en el extranjero, es decir, inmigrante y en EEUU el 15%.

También se ha desarrollado una migración masiva entre 1945 y el año 2000 hacia América con el mismo objetivo de mejorar la calidad de vida. En los 60 se dieron grandes flujos de migrantes de los países del sur de Europa hacia los del norte y hacia América.

2.7.-Las migraciones de África y Sudamérica a Europa y EEUU

A finales del siglo XX empezaron a cumplirse las condiciones en muchos países del tercer mundo para iniciar la emigración (superación de la trampa de la pobreza) hacia los países industrializados, que, por el envejecimiento de su propia población demandan a inmigrantes. En la actualidad América del Sur ha invertido su posición de antigua receptora de migrantes de Europa a la de emisora de migrantes hacia Europa y EEUU.

2.8.- La globalización y las migraciones actuales (siglo XXI)

Según la Organización Internacional del Trabajo (OIT) de la ONU los migrantes internacionales censados en el mundo el año 2020 era de unos 280 millones de personas y en 2019 de 254 millones, de los que dos tercios lo son trabajadores migrantes.

Según el Informe sobre Desarrollo Humano 2009 del PNUD (Programa de las Naciones para el Desarrollo) existirían más de mil millones de migrantes en la actualidad. De ellos, la abrumadora mayoría serían los migrantes internos (unos 740 millones del campo a las ciudades) y solo una cuarta parte de migrantes internacionales (unos 280 millones) (3,1% de la población mundial).

Del total de migrantes en los dos últimos decenios se mantiene un porcentaje del 49% de mujeres y un 51% de hombres, aunque las migraciones de Sudamérica a Europa están fuertemente feminizadas, mientras que las procedentes de África y del mundo musulmán, están claramente masculinizadas.

En términos absolutos se ha pasado de un total de 75 millones en 1960 a 214 millones en 2010 y a 280 millones en 2020 aunque el porcentaje solo ha pasado del 2,5% en 1960 al 2,9% en 1990 y al 3,1% en 2010.

A partir de 2013 ha aumentado el número de emigrantes de África y Oriente Medio por la pobreza y la inestabilidad política de sus países de origen. Es conocida la migración de más de 700.000 rohinyás de religión musulmana desde Birmania a Bangladesh por motivos de persecución religiosa.

2.9.- Las migraciones del futuro

Se considera que el aumento de temperaturas por el cambio climático traerá migraciones masivas, escasez de agua, hambre y guerras.

Europa, conforme a estudios objetivos realizados por expertos en el tema, necesitará para 2050 más de 40 millones de inmigrantes si quiere mantener el nivel de trabajadores que, a su vez, cubran las necesidades de pensiones y de trabajo.

3

Reflexiones sobre los movimientos migratorios

3.1.- La mirada de los migrantes

3.1.1.- ¿Cómo lo viven? Esperanza, soledad y rechazo

John Steinbeck en su magnífica obra "Las uvas de la ira" nos habla con estas palabras de los migrantes: "Todos están solos y confusos, porque todos provienen de un lugar de tristeza, preocupación y derrota, porque todos se dirigen a un sitio nuevo y misterioso, comparten su vida, su comida y sus esperanzas que tienen puestas en su destino".

El neurocientífico norteamericano David Eagleman nos explica que el rechazo social, el sentirte aislado y despreciado en su nuevo país es uno de los detonadores más evidentes para sufrir un brote esquizofrénico, y nos habla de un castigo africano que se dictaba como una muerte en vida y que consistía en que todos dejaban de hablar a la persona condenada e incluso de mirarle, como si no existiera, como si fuera transparente. Para el cerebro el rechazo social es tan importante que literalmente duele, activando la misma matriz neuronal que el dolor.

Según una tesis de la economista Noreena Hertz, la soledad social fomenta el populismo, el extremismo, la agresividad y el odio al diferente y múltiples estudios prueban la relación directa entre el sentimiento de soledad y el apoyo al populismo o a la extrema derecha en todo el mundo. Parece que la epidemia de soledad actual nos va a salir muy cara

Según el politólogo Ivan Krastev la primera generación de inmigrantes está feliz de poder hacer lo que hacen los nativos, quieren parecerse a ellos. La segunda generación empieza a interpretar esa misma situación como una humillación, se sienten ciudadanos de segunda y se genera el resentimiento.

3.1.2.- El precio de la emigración: el desarraigo

Como nos lo expone Mario Puzo en su obra "La mamma": "Los inmigrantes italianos en EEUU habían llegado a un país donde el lenguaje era extraño, donde sus hijos se habían convertido en miembros de una raza diferente. Era un precio que debían pagar".

La soledad más dura es la no deseada y ese es el castigo que espera a los desarraigados. Y la definición de soledad para Luís Racionero (La sonrisa de la Gioconda) es no tener a nadie a quien volver.

Pero, según mi criterio, quien mejor describe este desarraigo es el escritor Theodor Kallifatides cuando nos habla así de su propia migración de Grecia a Suecia:

"La describo como un suicidio. Cuando llegué a Suecia me sentía como un conejo despellejado, porque mi piel la constituía todo lo que abandoné.

Además:
- Pierdes la capacidad de expresarte o lo haces de manera muy pobre y hasta estúpida. No conoces la lengua y te debes hacer entender.
- En esta situación, piensas y te propones ser mejor, lo que incluso puede suponer que no eres quien deberías ser.
- Te encuentras solo, sin tu entorno, sin quienes amas alrededor, fuera de tu ciudad, tu pueblo y resulta muy duro.
- Debes comenzar de nuevo para tratar de formarte alrededor el ambiente, las experiencias y la familiaridad que has perdido.
- Te empeñas en conseguir la vida que deberías haber tenido en tu propio país y puede que no lo consigas.
- Entonces reniegas y prescindes de una gran parte de ti mismo.
- Pero eso supone una especie de suicidio".

.-

Como nos comenta S. Sánchez Benavides, la población migrante tiene una vulnerabilidad estructural que tritura el potencial de quienes llegan a España con la "inquietud" de buscarse una vida diferente, de encontrar su lugar en el mundo. Y el desarraigo puede impulsar a los inmigrantes a culpar a los prejuicios, al racismo y a la xenofobia de sus desventajas sociales y a compararse casi exclusivamente con los miembros de su mismo grupo.

3.1.3.- La falta de adaptación: efectos

Un migrante ilustre como Amin Maalouf nos habla así en su obra "León el africano" sobre Atila como arquetipo del migrante frustrado: "Si le hubieran dicho: "desde hoy eres ciudadano romano", se habría envuelto en una toga, habría aprendido latín y se habría convertido en el brazo armado de Roma. Pero le dijeron: "No eres más que un bárbaro y un infiel". Y ya solo soñó con asolar el país.

Y es el caso de muchísimos inmigrantes : Europa está llena de Atilas que sueñan con ser ciudadanos romanos y que acabarán siendo invasores bárbaros. Si me abres los brazos, estoy dispuesto a morir por ti. Si me das con la puerta en las narices, me entran ganas de tirar la puerta y la casa".

El mismo Maalouf en sus obras "El desajuste del mundo" y "Las escalas de Levante" nos recuerda la diferencia entre el lobo y el perro asilvestrado: "El lobo pelea solamente por sobrevivir o por preservar su libertad. Si no se le amenaza, sigue su camino, altivo y patético. El perro asilvestrado, sin embargo, echa de menos la casa en la que ha crecido y a la vez la odia. Su itinerario vital se explica siempre por una herida: un abandono, una traición, una infidelidad. Esta herida es su segundo nacimiento, el único que cuenta.

Hay muchos de ellos por despecho, por orgullo o por cansancio e impaciencia enarbolan las banderas de su pertenencia original y se comportan a veces como si su residencia adoptiva fuese territorio enemigo. Lo que hace frágil la relación entre los inmigrantes y la sociedad de acogida es que la herida siempre está presente. Vuelve el dolor con cualquier nadería, a veces con un simple roce o incluso con una caricia torpe".

Es de sabios escuchar a quienes han vivido una experiencia cruel y se vuelven capaces de expresar lo vivido con palabras que sean fáciles de comprender por quienes solo somos espectadores. Solo imaginarlo me causa una sensación opresiva en el pecho y me hace sentir culpable de una u otra forma por no responder con la debida fuerza al consejo de Confucio:

"Haz por los demás lo que quisieras que ellos hicieran por ti"

3.1.4.- La exigencia de reciprocidad

En su ensayo "Los desorientados" Amón Maalouf nos expone lo siguiente: "En primer lugar, es tu nuevo país quien tiene que cumplir contigo una serie de compromisos: que te consideren un ciudadano con todas las de la ley y que no padezcas ni opresión ni discriminación ni privaciones indebidas. Y si el país y sus dirigentes no te los garantizan, entonces, no les debes nada.

Todo hombre tiene derecho a irse y en su país deben convencerte para que te quedes. Al país en el que tienes que vivir con la cabeza gacha, no le debes nada y al país en el que puedes vivir con la cabeza alta, se lo das todo.

Y es igual que sea tu país de nacimiento o tu país de acogida. La magnanimidad llama a la magnanimidad, la indiferencia llama a la indiferencia y el desprecio al desprecio. Tal es la carta de los seres libres".

Sigo recitando a mi admirado Amin Maalouf y copiando sus palabras de la obra "Identidades asesinas":

"El migrante y la exigencia de reciprocidad:

1.- El migrante es la primera víctima de la concepción "tribal" de la identidad, ya que se encuentra escindido, enfrentado a dos caminos opuestos, condenado a traicionar a su patria de origen o a su patria de acogida, traición que inevitablemente vivirá con amargura, con rabia.

2.- Antes de ser inmigrante, se es emigrante.

3.- El primer reflejo no es pregonar su diferencia, sino pasar inadvertidos. El sueño secreto de la mayoría de los migrantes es imitar a sus anfitriones, que algunos consiguen, pero la mayoría no.

4.- Muchos saben que no merece ni siquiera intentarlo y se muestran, por orgullo, más distintos de lo que son. Y hay algunos de ellos incluso que desembocan en una contestación brutal.

5.- En mi planteamiento, suscribo una exigencia de reciprocidad, que es a un tiempo deseo de equidad y deseo de eficacia. La clave de la reciprocidad supone para el inmigrante aceptar al país de adopción, considerarlo como propio, como que forma parte de uno mismo y que uno mismo forma parte de él y, en consecuencia, tener derecho a criticar todos los aspectos del nuevo país, siempre que el país le respete, le reconozca lo que él aporta, le considere, con sus singularidades, parte de él...y entonces también el nuevo país tiene derecho a rechazar algunos aspectos de la cultura del inmigrante que podrían ser incompatibles con su modo de vida o con el espíritu de sus instituciones.

6.- El derecho a criticar al otro se gana, se merece. Si le tratamos a alguien con hostilidad o desprecio, la menor observación que le formulemos esté justificada o no, le parecerá una agresión que lo empujará a resistir, a encerrarse en sí mismo, difícilmente a corregirse. Y a la inversa, si le demostramos amistad, simpatía y consideración, no solamente en las apariencias sino con una actitud sincera y sentida como tal, entonces es lícito criticar en él lo que estimamos criticable y tenemos alguna posibilidad de que nos escuche.

7.- Los inmigrados cuando sienten que su lengua es despreciada, que su religión es objeto de mofa, que se minusvalora su cultura, reaccionan exhibiendo con ostentación los signos de su diferencia. Cuando, por el contrario, se sienten respetados, cuando perciben que tienen un sitio en el país que han elegido para vivir, entonces reaccionan de otra forma. Para ir con decisión en busca del otro, hay que tener los brazos abiertos y la cabeza alta.

8.- Pero la modernidad no siempre se ve positivamente y se ve rechazada porque no se percibe como un avance y el ejemplo del mundo árabe es sumamente revelador".

3.1.5.- ¿Por qué se culpa al inmigrante?

Vivimos en el siglo XXI, un siglo muy diferente al anterior, en el que Internet ha irrumpido de forma definitiva como un elefante en una cacharrería cambiando radicalmente los medios de comunicación y de conocimiento y, con ello, haciendo tremendamente accesibles tanto las noticias como las desinformaciones a nivel mundial.

Basta con dar a una tecla para que millones de personas se traguen sin dudarlo ni un segundo cualquier aberración o falsedad si lo que se cuenta simplemente apoya o refuerza una idea que les gusta o a una persona por la que simpatizan por la razón que sea.

La verdad se ha convertido en algo etéreo y es puesta de forma permanente en duda por cualquiera, porque cualquier persona se cree con derecho a opinar sabiendo que por Internet va a encontrar un montón de oyentes que incluso le aplaudirán con fuerza lo que exponga sin necesidad de demostrar prueba alguna.

Y se ha creado una profesión muy estimulante que consiste en la divulgación de noticias falsas a solicitud de quien pague.

Al mismo tiempo, como nos lo explica el sociólogo francés Francöis Dubet, en las sociedades ricas y avanzadas se ha gestado desde finales del siglo pasado un curioso fenómeno. Según Dubet, a pesar de que los europeos actuales son las personas más privilegiadas que han pisado jamás la tierra, se han entregado a pasiones tristes como:

El resentimiento
La indignación
El miedo
La frustración o
El victimismo.

La explicación antigua de las pasiones tristes eran las desigualdades sociales, pero ahora, como nos lo expone muy bien Carmen Posadas, al ser la sociedad menos rígida y jerarquizada y al existir más movilidad social e igualdad de oportunidades, ya no pueden achacarse al éxito de unos y el estancamiento de otros al rol que antes jugaba el sistema de clases y, por tanto, se buscan otras razones, otros culpables.

Y los partidos políticos de extrema derecha de Inglaterra, Alemania, Estados Unidos, Francia, Italia, Holanda y de otros muchos países de economía desarrollada han encontrado una grandísima mina de oro señalando al inmigrante como el enemigo responsable de todos sus males, por considerarles responsables de la inseguridad ciudadana, usurpadores de puestos de trabajo e importadores de nuevas y problemáticas costumbres sociales y religiosas

El profesor universitario, escritor y ensayista italiano Antonio Scurati lleva años estudiando este fenómeno y considera que:

- El primer principio para un líder político populista es saber sintonizar con el sentir del pueblo
- El segundo no debe ser intentar convencer a sus potenciales votantes de sus ideas y principios sino olfatear el humor popular y apelar no a los sentimientos positivos sino a los más bajos: el miedo, el resentimiento, el victimismo y el odio para primero alimentarlos y luego tranquilizar a sus adeptos asegurándoles que solo él o ella los sacará de situación tan terrible e injusta.
- Por fin, el líder populista sabe reducir la complejidad de la vida actual a un único problema: un enemigo común. Para Mussolini fueron los socialistas, para Hitler los judíos y, hoy día, para gran parte de Europa son los inmigrantes.

Y la gran irresponsabilidad de la izquierda ha sido ignorar el peso de este fenómeno y entregar tan útil arma electoral a la derecha extrema, que, a su vez, está contagiando de esta gran falsedad a la antigua derecha que se ha encontrado con una pérdida significativa y a veces decisiva de votos.

Esta antigua derecha liberal se está inclinando hacia posiciones demasiado cercanas a la extrema derecha para discutirle los votos, pero asumiendo el enorme riesgo de perder el norte del bien común del pueblo por encima de cualquier otro objetivo.

El problema que se está agudizando en este siglo XXI es el de que cualquier tuercebotas es capaz de manipular las definidas como pasiones tristes por Francöis Dubet. Y el mayor peligro que se genera con todo este planteamiento contra el movimiento migrante mundial es que, de tanto hablar de culpabilidades, el pueblo está llegando a convencerse de que dicha culpabilidad tiene su razón de ser.

Hoy mismo en el periódico El Correo (19.09.2024) ha aparecido la siguiente noticia en un artículo de Adolfo Llorente:

"La inmigración se ha convertido en el principal problema de España: Lo es para el 30,4% de los españoles, niveles no conocidos desde el 2007. Hace un año era el 5,7% y en junio el 16,9% de los españoles. En función de los simpatizantes de partidos políticos:

- Coalición canaria 83,7%
- Vox   58,4%
- PNV   38,8%

- PP   36,6%
- Junts   34,1%
- UPN   33,3%
- PSOE   23,7%

Para los simpatizantes de Sumar el principal problema es la vivienda (33,8%), para los de ERC los problemas políticos (27,2%) y para los de Bildu las desigualdades (el 29,5%)

Las razones, según Llorente, son:
- La crisis humanitaria de Canarias
- El reparto de los menores extranjeros entre las comunidades
- Los últimos sucesos de la frontera de Ceuta
- El creciente debate generado a nivel europeo, con decisiones como la alemana cerrando fronteras"

Según mi criterio, yo añadiría que el PP lleva los últimos tres meses polemizando y quejándose sobre el exceso de inmigrantes irregulares y la necesidad de que el ejército debiera participar en su control en el mar y siempre hablando de los procedentes de África. El PP lleva semanas poniendo el fenómeno de la inmigración ilegal en el centro del debate para, por un lado, quitar protagonismo a Vox y, por otro, presionar al gobierno de Canarias. Considero que el PP está jugando con fuego al alimentar la posición de VOX.

3.1.6.- La pertenencia

Ya hemos expuesto con suficiente extensión en los apartados anteriores el concepto de desarraigo y la tremenda situación de desamparo en la que se encuentran quienes como migrantes llegan a una nueva sociedad, a una nueva cultura tan diferente a la propia.

Lo normal es que quienes vienen, por ejemplo, de América Latina sufran con menor intensidad la falta de pertenencia en España, ya que utilizan la misma lengua y son comunes muchos aspectos de su cultura. Pero también es normal que les cueste adaptarse, aunque menos y con la esperanza de que la siguiente generación se integrará casi plenamente en el nuevo país escogido.

Los inmigrantes (y sus descendientes) es necesario que puedan asumir también, sin demasiados desgarros, esa doble pertenencia, que puedan mantener su apego a su cultura de origen, no sentirse obligados a disimularla como si fuera una enfermedad vergonzante, y abrirse en paralelo a la cultura del país de acogida. Como nos lo reconoce Kenizé Mourad en su novela "Un jardín en Baldapur", algunas personas se pasan la vida tratando de "formar parte", de "pertenecer".

Somos animales sociales, necesitamos a la familia, al clan, a la tribu, necesitamos la aceptación de nuestro entorno y formar parte de la comunidad, y una evidencia debemos tener muy clara los autóctonos: "si los inmigrantes se portan como forasteros, es porque siempre los miramos como a forasteros. Puede ser que la sociedad sea incapaz de integrarlos por su apellido, por su religión, por su aspecto, por su acento, etc. y en este supuesto quien falla no es el inmigrante sino la propia sociedad receptora.

Carmen Posadas en su artículo "La pertenencia", nos recuerda que: "Somos animales sociales, necesitamos a la familia, al clan, a la horda, a la tribu, necesitamos la aceptación de nuestro entorno y formar parte de la comunidad".

Para el cerebro el rechazo social es tan importante que literalmente duele, se activa la misma matriz neuronal que el dolor, como ya nos lo ha comentado el neurocientífico David Eagleman. De ello podemos deducir la inmensa importancia que supone para los inmigrantes su "aceptación como un integrante más en su nueva sociedad", aunque su adaptación nunca será fácil y es por ello que su "necesidad de pertenencia, de mestizaje, de integración" sea aún más necesaria.

El racismo lo que hace es romper, destruir el concepto de "pertenencia", separando al "diferente" en una burbuja, se le condena a "una muerte en vida", como en el ejemplo del castigo africano.

¿No hemos de enseñar a nuestros hijos y nietos esta lección tan elemental y tan dolorosa para quienes se ven obligados a "desclasarse", a "dejar su mundo y sus costumbres" para sobrevivir, para mejorar su calidad de vida, para refugiarse en otro mundo que no es el suyo, pero que le puede aportar protección y futuro?

Es, pues, fundamental para la vida de los inmigrantes, nacionales o extranjeros, su aceptación por los ciudadanos del país al que emigraron como "uno más". Un ser humano más con los mismos derechos y obligaciones que quienes aquí hemos nacido.

3.2.- Los inmigrantes en la nueva sociedad

3.2.1.- Sobre el potencial de los inmigrantes

He encontrado un artículo del periodista Santiago Sánchez Benavides que no tiene desperdicio, porque nos expone una realidad en positivo que no estamos acostumbrados a escuchar, sino todo lo contrario, es decir, solo vemos a los políticos de VOX y del PP hablando de forma negativa sobre los emigrantes y culpándolos de todos los males sin presentar prueba alguna.

El periodista habla así: "Es un debate reiterado e irresuelto en el que la palabra "potencial" de los inmigrantes pasa desapercibida. Sus niveles formativos medios no son solo altos sino muy similares a los de la población española. Hay que derribar el estereotipo de la inmigración como una población "sin estudios" procedente de países subdesarrollados que se amolda perfectamente a las ocupaciones elementales del mercado de trabajo español.

El ingreso medio de un inmigrante es un 38% menor que el de los trabajadores españoles, provocando una tasa de exclusión social que es más del doble que la de éstos. El 75% de los inmigrantes desempeña ocupaciones en servicios elementales, con una movilidad hacia mejores empleos muy reducida.

¿Por qué no orientar ese potencial a sectores no elementales? Según la CEOE hacen falta 125.000 profesionales con formación digital y otros 26.000 de ciberseguridad para cubrir la demanda del sector tecnológico en España, que, al menos en un porcentaje, podrían ser inmigrantes.

¿Por qué no orientarlo incluso hacia la gestión pública si hay 6,5 millones de inmigrantes?

Hace falta concienciar a los españoles sobre la necesidad de un consenso alrededor del:
- Poder creativo de los inmigrantes
- Su enorme potencial para contribuir al enriquecimiento cultural
- Al desarrollo social y económico
- Y al avance en todos los ámbitos donde la mirada local necesite nutrirse de experiencias y voces globales.

VOICE inmigración España es una iniciativa para impulsar el empoderamiento económico, el emprendimiento y la cualificación de los inmigrantes en España".

El renombrado Premio Nobel Paúl Krugman nos comenta sobre la realidad económica norteamericana: " La contribución de los inmigrantes al crecimiento a largo plazo del país (EEUU) es sorprendentemente grande. Desde 2007 la población activa ha crecido en 14,6 millones de los que 7,8 millones nacieron en el extranjero".

El periodista Xabier Vidal-Folch nos añade: "Los inmigrantes por su impulso vital y su juventud cotizan más que gastan, además reciben menores salarios y menos oportunidades a largo plazo".

La escritora Camila Lackberg lo ratifica así: "Un estudio realizado en Suecia entre los años 1980 y 1990 demuestra que la contribución de los inmigrantes a través de los impuestos supera con creces el coste que la inmigración representa para el Estado".

Poco me queda por añadir, salvo agradecer a estas personas su aportación al conocimiento de los hechos reales sobre inmigración y desarrollo.

3.2.2.- Sobre concienciar a los autóctonos

¿Por qué no cuentan los políticos la cruda realidad a sus votantes autóctonos? Hay una única razón: la inmigración, como ya he expuesto con anterioridad, se ha convertido en un tema tabú y a los inmigrantes se les culpa como responsables, sin ninguna razón o argumento, de todos los males de una sociedad insatisfecha.

La extrema derecha encontró este filón para obtener votos entre el pueblo menos preparado y más insatisfecho y Trump lo elevó a principio cultural por excelencia: le bastó decir "First América" para dejar fuera a todos los no americanos, es decir, los inmigrantes y para culparles de todos los males.

En Europa, con cierto retraso, pero con el mismo éxito, la extrema derecha en primer lugar y la antigua derecha conservadora están imitando a Trump y obteniendo fabulosos resultados en número de votos. Y el pueblo no aprende y sigue dejándose convencer con lemas no razonados y con el victimismo de siempre.

El sociólogo holandés Hein de Haas en su artículo "Para entender la emigración" define la situación real de las migraciones con las siguientes palabras: " Es falso que la emigración esté desbocada y el mundo desarrollado a un paso de ser invadido por ingentes masas desesperadas. Lo real es que el porcentaje global de inmigrantes se mantiene más o menos estable desde mediados del siglo pasado, sobre el 3% de la población mundial. Pero en los países desarrollados asciende al 10% o 15%.

En el siglo XIX y hasta mediados del XX eran los europeos los emigrantes y ahora es la que recibe. En la medida en que nuestras economías requieren grandes cantidades de mano de obra en sectores como la hostelería, la agricultura, la sanidad, el cuidado de mayores, etc., tenemos la paradoja de que los inmigrantes son "trabajadores deseados por las empresas".

Hay un doble juego en el lenguaje de los políticos: por una parte, condenan la inmigración ilegal y al mismo tiempo hacen la vista gorda a las llegadas irregulares de millones de inmigrantes para satisfacer la demanda de muchos empleadores que se benefician de mano de obra joven y barata.

Diversos estudios sociológicos y económicos demuestran que las ayudas económicas orientadas a promover el desarrollo de países pobres aumentan la emigración desde esos países en vez de detenerla, porque, por un lado, suelen ser ayudas demasiado reducidas y, además, cuando esos países inician su desarrollo, también incrementan el flujo migratorio, al superar la "trampa de la pobreza". Solo cuando se alcanza un desarrollo suficientemente alto, ese flujo decae hasta extinguirse, porque nadie desea emigrar, si puede vivir sin hacerlo.

Los principales motores de la emigración internacional son los trabajos disponibles en países más desarrollados y no la desigualdad ni la pobreza en el propio.

3.3.- La mirada de la sociedad receptora

3.3.1.- ¿Cómo es la sociedad receptora?

Hermann Kesten en su obra "Felipe II" nos recuerda: "Solo los hombres se estudian entre ellos con la mirada desconfiada, de los pies a la cabeza, y encuentran en el color de la piel, de los cabellos y de los ojos, ridículos pretextos de una superioridad".

Llevamos demasiados miles de años funcionando y relacionándonos con mentalidad tribal, comparándonos con los demás y clasificando a las personas con criterios de esclavitud, racismo y nacionalismos caducos, es decir, fijándonos de forma permanente en los que nos separa y nunca en lo que, como única especie humana, nos une.

Ya desde los inicios de nuestra única raza universal, la humana, hemos tenido que defendernos de las gentes o mas bien de los poderosos de otros pueblos y también nos hemos visto en otras ocasiones obligados a guerrear, incluso contra nuestra voluntad, contra otros países o naciones, en función de los intereses egoístas de los poderosos de turno, quienes siempre han alimentado en nuestro interior la rabia, el odio y la animadversión contra el otro, contra ese otro a quien querían dominar o superar. Toda nuestra historia común está llena de guerras y enfrentamientos. Y nuestras mentes siempre han sido maleducadas en esa dirección de diferenciación del otro, de catalogación del otro como enemigo o adversario.

¿Puede extrañarnos que una reacción de rechazo al otro, al diferente aparezca con prontitud en nuestra mente y nuestros sentimientos, si además podemos, como nos inducen a creer desde la extrema derecha, echarles las culpas de nuestros propios infortunios?

Hemos de hacer esta reflexión para intentar comprendernos a nosotros mismos, a la sociedad receptora. La solución está en cambiar de actitud, en educarnos "a contrario" para comprender al que viene, para aceptarle como uno más, para valorarlo en la justa medida y para ponernos en su lugar y comprender cómo nos gustaría que la "nueva sociedad" nos recibiera si fuéramos migrantes.

Como nos lo dijo Ramiro Pinilla en su obra "Verdes valles, colinas rojas": "Nuestra sociedad es tan agresiva como cualquier otra". No hemos escogido el lugar donde vivimos, como nadie puede escoger a sus padres ni el lugar y el día de su nacimiento. Es nuestro país, lo amamos como cualquier otro hombre ama el suyo y queremos vivir y morir en él. Igual piensan y sienten los migrantes, aunque no puedan cumplirlo.

Aún late en lo más hondo de nuestra genética el sentimiento tribal y nos impulsa a defendernos del diferente y, para ello, basta el imperdonable delito de adorar a un dios distinto o tener un color de piel diferente, para que cualquier fanatismo nos arrastre. Siempre se desconfía de lo que no se entiende. Y como nos recuerda el psicoanalista Williams Gibbs: "Las personas que se sienten más o menos satisfechas con ellas mismas, por lo general se abren a nuevas amistades. Sin embargo, las personas que no tienen más esperanza de distinguirse que sus antepasados y su condición de nativos, tienden a mostrarse críticos y fríos con "los nuevos".

Pero el miedo al futuro no se puede combatir con represión o echando la culpa a los extranjeros, aunque por lo que hemos expuesto, sí hay un porcentaje de ciudadanos que necesitan buscar por un lado seguridad y por otra, culpables entre otros más débiles. Los ignorantes odian lo que desconocen. Y el extranjero y el diferente se convierten en alguien a quien echar la culpa de todos los males. No les entendemos y nos sentimos incómodos, con miedo.

El problema es que ciertos personajes, dígase populistas de extrema derecha, aprovechan esta circunstancia para elevar o exacerbar el instinto tribal, echando toda la culpa al más débil, es decir, al inmigrante, y proponen construir fronteras cada vez más altas.

Todos los controles aduaneros y fronterizos de la sociedad moderna y "civilizada" son inventos cuyo objetivo es cerrar la sociedad más y más para evitar la entrada de los "ajenos ilegales" en nuestro coto tribal reservado para los nativos y para aquellos que la tribu moderna autorice a entrar en condiciones muy precisas: tanto tiempo, tales condiciones laborales, etc.

Y vivimos en esta sociedad.

3.3.2.- La mirada racista

Amín Maalouf en su obra "Las escalas de Levante" nos dice: "El odio racial y la discriminación son execrables. Al nazismo lo odié no desde que invadió Francia sino desde que invadió Alemania".

Y siempre hay personas que buscan y obtienen poder precisamente alimentando en la población de menor nivel, la más insegura económica y socialmente el odio y la discriminación. ¿Por qué? Porque, como nos lo comenta Manuel Pimentel en su obra "Monteluz" es mucho más fácil unir a la gente y conseguir su apoyo liderando ese creciente malestar de la población contra los de fuera, buscando un enemigo a combatir.

Y así lo han hecho y siguen haciendo psicópatas como Trump, Putin y otros personajes que se priorizan a sí mismos, sin ningún pudor ni sentimiento, sobre todos los demás.

También es Manuel Pimentel quien, en la obra ya citada, nos expone los argumentos que estos psicópatas y los partidos de extrema derecha de todo el mundo utilizan para combatir la inmigración y alimentar el odio:
- Asociar inmigración con problema y conflictividad
. Vincular inmigración con mafia
- Repetir el concepto "efecto llamada"
- Exagerar la avalancha de inmigrantes que nos invade
- Asociarlos siempre a los musulmanes con ablación, imanes machistas, yihadismo, conflicto, falta de integración, mezquitas, fundamentalismo, mafias, etc.

Para combatir la mirada racista contra los inmigrantes, debemos entender que hay unas organizaciones políticas de extrema derecha empeñadas precisamente en la labor contraria solamente porque ello les genera réditos políticos. Tenemos mucho camino por andar, muchas cuestas que subir, mucha comprensión que repartir ante tanto enemigo enfrente.

3.3.3.- La falsa globalización

Como nos lo comenta José Antonio Jáuregui en su ya mentada obra "Aprender a pensar con libertad": "No existirá una globalización de la economía mientras siga creciendo una tribalización de los trabajadores, mediante el crecimiento de las barreras para su movimiento hasta el punto de jugarse la vida para intentar penetrar en una reserva tribal más próspera. El capital no necesita pasaporte, pero el trabajador sí. Los hechos antropológicos se dan de bruces con el discurso falso y erróneo, que exalta la apertura y la globalización de unas sociedades cada vez más "abiertas" y "civilizadas".

3.3.4.- Los musulmanes en Occidente

3.3.4.1.- ¿Son todos los inmigrantes musulmanes terroristas en potencia?

Los inmigrantes musulmanes experimentan, como cualquier otro inmigrante, una fuerte nostalgia de su tierra de origen y también de su comunidad cultural. La comunidad islámica ve la invasión de Irak a través de los medios y no le gusta, da igual que sean moderados o radicales, laicos o fundamentalistas, integrados o marginados. No les gusta, no lo aceptan y muchos de ellos van a respaldar activamente la insurgencia con dinero o de otras maneras.

Los millones de inmigrantes musulmanes en Europa forman un grupo demasiado heterogéneo para actuar unidos como un inmenso "Caballo de Troya" islámico, preparado para atacarnos desde dentro. La gran mayoría no tiene ninguna intención de hacer tal cosa, pero algunos de ellos, por desgracia, si pueden optar por ella, pero entonces debemos hablar de personas concretas, que podemos encarcelar o expulsar. Pero debemos, al mismo tiempo, hacer un gran esfuerzo por asimilar a todos los demás.

Juan Eslava Galán en su ensayo "Historia del mundo para escépticos" tiene una opinión contraria a la mía: nos dice: "Al igual que sucedió anteriormente con el imperio romano y con lo que actualmente está pasando en Europa, sin que nunca aprendamos la lección: Las aparentemente pacíficas oleadas de inmigrantes procedentes de países menos desarrollados, termina con la ocupación de las instituciones por estos extranjeros imponiendo sus propias formas de vida menos evolucionada a los naturales". Refrán castellano: "Al villano dale pie y te tomará la mano".

Niall Ferguson en su artículo "París, víctima de la complacencia" afirma: "Europa ha dejado que sus defensas se hayan derrumbado y a medida que ha aumentado su riqueza, ha disminuido su capacidad militar y su fe en sí misma. Se ha vuelto decadente y, al mismo tiempo, ha abierto las puertas a los extranjeros que codician su riqueza, pero sin renunciar a su fe ancestral. También es una advertencia a tener en cuenta, aunque no la compartamos.

Y con lo sucedido en Siria, llegan a millones. La mayoría viene solo con la esperanza de tener una vida mejor. Pero no viajan sin traer parte de su propio malestar político. Los musulmanes que viven en Europa en su gran mayoría no son violentos, pero si es verdad que casi todos ellos tienen unas convicciones difíciles de conciliar con los principios de nuestras democracias liberales, sobre todo con nuestras ideas modernas sobre igualdad entre los sexos y la tolerancia ante la diversidad religiosa y ante casi todas las tendencias sexuales.

Por ello es muy posible, como ya ha sucedido, que una minoría violenta adquiera armas y prepare sus ataques a la civilización en el seno de esas comunidades pacíficas. Los monoteístas convencidos son una grave amenaza para un estado laico".

Arturo Pérez Reverte en sus artículos "Los godos del emperador Valente" y "Esla guerra santa, idiotas" nos avisa con estas palabras: "Vivimos la absurda paradoja de compadecer a los bárbaros, incluso de aplaudirlos, y al mismo tiempo pretender que siga intacta nuestra cómoda forma de vida. Los godos (como al final del imperio romano) seguirán llegando en oleadas, anegando fronteras, caminos y ciudades. Están en su derecho, y justo tienen lo que Europa no tiene: juventud, vigor, decisión y hambre. Si son pocos, los recién llegados se integran en la cultura local y la enriquecen; si son muchos, la transforman o la destruyen. No en un día, por supuesto, los imperios tardan siglos en desmoronarse. Europa está sentenciada de muerte.

Hay barriadas, ciudades que se van convirtiendo en polvorines con mecha retardada. De aquí a poco tiempo, los grupos xenófobos violentos se habrán multiplicado en toda Europa y también los grupos de desesperados que elijan la violencia para salir del hambre, la opresión y la injusticia. El territorio durante cierto tiempo será caótico, violento y peligroso. Es hora de educar a nuestros hijos para esta nueva realidad.

Los musulmanes para Occidente son los nuevos bárbaros. Europa, donde nació la libertad, es vieja, demagoga y cobarde, mientras que el islam radical es joven, valiente y tiene hambre, desesperación y los cojones, ellos y ellas, muy puestos en su sitio. Trabajan con su dios en una mano y el terror en la otra para su propia clientela. Es la tercera guerra mundial y no se dan cuenta. Es una guerra y la estamos perdiendo por nuestra estupidez, sonriendo al enemigo. Porque es la Yihad, idiotas. Es la guerra santa. Es una guerra y no hay otra que afrontarla. Asumirla sin complejos".

Lógicamente no estoy de acuerdo con dichos criterios, pero también es una advertencia que debemos tener en cuenta. Son opiniones duras y es nuestra obligación escucharlas e intentar darles la vuelta buscando razones que nos permitan discutirlas y rechazarlas para conseguir que los resultados sean diferentes, aunque en la actualidad se hayan convertido en los argumentos más críticos de toda la extrema derecha mundial.

Como nos lo dice con absoluta claridad Heinrich Mann en su magnífica obra "Enrique IV": "La tolerancia con la que actúan los pueblos libres facilita el trabajo de sus enemigos".

´3.3.4.2.- Dificultades en la integración de los musulmanes

Los inmigrantes musulmanes proceden de sociedades tradicionales organizadas de manera jerarquizada y desigualitaria, pero parece que la mayoría se adaptan a una sociedad liberal democrática.

Alfred Shmueli en su obra "El harén de la Sublime Puerta" nos expone a su manera: "La mayoría de los musulmanes viene a ganarse la vida y una vez aquí, buscan crear microburbujas que reproduzcan su cultura y las normas de convivencia de su país de origen, con las que se sienten cómodos. Por otra parte, el que se separa del grupo-burbuja queda solo frente al racismo y los prejuicios. La libertad individual no suele ser una prioridad porque en muchos países islámicos, por debajo del sistema tiránico vigente, opera una jerarquía social estricta: la familia, el clan se imponen sobre el individuo y sus derechos. El verdadero problema para la integración de los musulmanes radica en su negativa tenaz a tolerar que sus mujeres e hijas ejerzan los mismos derechos que ellos. Parece que la única costumbre musulmana no respetada en occidente es la discriminación y represión sistemática de sus propias mujeres. Sencillamente, no se acepta que las mujeres posean voluntad propia o derecho a decidir por sí mismas".

Para conseguir la integración de los varones musulmanes debemos tener en cuenta que, si no están dispuestos a admitir la igualdad de derechos y la libertad política y social, incluso sexual, de sus esposas e hijas, tampoco deben tener derecho a instalarse aquí con sus familias y mucho menos a solicitar la ciudadanía. Son libres de sentirse molestos en otra parte.

El poeta Así Ahmad Sid Esber (Adonis) nos define los problemas para la integración de los musulmanes en una sociedad democrática occidental:

"1.- Dimensión trágica: un solo libro, el Corán, es la fuente única de toda la jurisprudencia política, social, cultural e institucional, hoy como ayer: Mahoma es el único y último profeta y su palabra es inmutable.

2.- El Islám permite la formación de imanes autoproclamados , con lo que cualquier fanático puede ordenar la matanza de infieles.

3.- La religión musulmana promete a sus creyentes ir al cielo si mueren matando, y un sin fin de mujeres vírgenes, cuando lleguen al cielo MATANDO. Y ellos se creen esa mentira fanática. Esos fanáticos son una amenaza inmediata allá donde se encuentran y se mueven con libertad, como ocurre en la vieja Europa.

4.- Muchos jóvenes musulmanes, nacidos en Occidente, crecidos en el fracaso y la falta de integración, descubren la religión por internet y descubren su posible "integración" en una religión que promete el paraíso a quienes son capaces de morir matando.

5.- La legislación coránica: comienza por negar la identidad de la persona".

3.3.4.3.- Sobre los extremistas musulmanes

Los salafistas, los Hermanos musulmanes y todos los grupos extremistas musulmanes jamás han sido elegidos por nadie, pero están educando a los jóvenes ciudadanos de origen marroquí en una visión machista, homófoba, intransigente y radical del Islam, un Islam distinto al que trajeron sus padres, cuyos objetivos políticos son peligrosos para la democracia y que han sido legitimados por una democracia que ya no se acuerda de lo que costó secularizar el poder religioso en Occidente.

3.3.4.4.- La inmigración en los países europeos

Máximo Cacciari nos explica que el mayor error de los países europeos ha sido la forma en que lo han abordado, ya que es la señal más dramática de la miopía y el desamparo de Europa como sujeto político.

Han reducido un problema de época a problemas de emergencia o incluso policiales, como si se pudieran frenar los movimientos migratorios con muros. Europa les necesita y ha fracasado en su política mediterránea.

Daron Acemoglu, de cultura turca y musulmana, nos expone su criterio: "Cualquier período de auge de la inmigración ha traído grandes reacciones en contra, a pesar de que enriquecieron el país, incluso en el corto plazo. Y tampoco Europa lo ha hecho demasiado bien. Los franceses han aceptado a los norteafricanos, pero negando totalmente la diferencia: tienen que ser franceses y aceptar nuestros valores y además no vamos a hacer ningún esfuerzo especial para integrarlos y así les ha ido.

Los holandeses han apostado por la multiculturalidad, reconociendo y apoyando sus culturas y los musulmanes más radicales se hicieron con el control, porque eran los mejor organizados. Los ingleses lo han hecho un poco mejor pero también ha salido mal y los alemanes lo están haciendo mejor, pero está por ver.

Estoy en contra de regular las prácticas culturales. Eso me parece antiliberal. Por otro lado, pienso que hay que hacer algo contra los grupos radicales o mezquitas que adoctrinan a lo peor. No hay una solución fácil. Pero hay que encontrar la forma de que los inmigrantes no se sientan ciudadanos de segunda. Hay que definir la sociedad de modo que, sin ser forzados, se vayan integrando para que no sean adoctrinados por los que desean destruir el sistema".

Sánchez Arreseigor también considera necesaria una autocrítica de los musulmanes en Europa, como lo hacen otros inmigrantes que también proceden de sociedades machistas, jerárquicas y autoritarias.

3.3.4.5.- Sobre atender a los musulmanes en nuestra sociedad

Son emigrantes que cambian de una cultura que ha permanecido prácticamente intacta y cerrada en sí misma durante casi 1.500 años, a otra en constante cambio y con una mentalidad absolutamente diferente a la suya y donde las palabras como libertad, religión, mujer, educación de los hijos, respeto a los mayores, etc. tienen sentidos muy diferentes al de su idioma y su país. Sus nuevos vecinos en ocasiones ni les saludan ni les aprecian e incluso les tienen que soportar miradas de odio o repugnancia.

Najat el Hachmi nos comenta: "Los descendientes de inmigrantes estamos acostumbrados a lidiar con la islamofobia de extrema derecha, no hay hijo de familia musulmana en Occidente que no haya sentido en la nuca el fétido aliento de este radicalismo supremacista. Lo que nos ha sorprendido más es que sean sectores de la izquierda quienes compren el mismo marco simplificador".

Y en Europa, como lo analizaremos en el último capítulo de este ensayo estamos en un momento crítico, en el que será necesario el esfuerzo de todos, los autóctonos y los inmigrantes

4.-

Sobre la esclavitud moderna

Migraciones, racismo y esclavitud han sido y siguen siendo tres elementos demasiado cercanos y que, casi siempre, se retroalimentan mutuamente. Es la ley de los pobres. Cada vez que aparece uno de estos tres ingredientes, los otros dos se le aproximan como un imán por el uso y abuso que llevan a cabo los poderosos para exprimir a los más oprimidos y débiles de nuestras sociedades un poco más.

4.1.- ¿Qué es la esclavitud moderna?

Un esclavo es una persona que carece de libertad por estar bajo el dominio de otra. La esclavitud es una sujeción excesiva por la que una persona somete a otra a una obligación o trabajo. La esclavitud no ha desaparecido, pero si mutado adquiriendo muevas facetas. Se da en muchos países y atraviesa líneas culturales, étnicas y religiosas.

La OIT (Organización Internacional del Trabajo) estimó que 50 millones de personas vivían en "esclavitud moderna" (28 millones en trabajos forzados y 22 millones en matrimonios forzados) a finales del año 2021. Eso supone un aumento de 10 millones en solo 5 años.

4.2.- Tipos de esclavitud moderna

A.- Trata de personas

La mayoría de los países del mundo están afectados por la trata de personas, ya se trate de un país de destino, de tránsito o de origen. Las personas que sufren de trata se ven sometidas a múltiples situaciones de dominación, abusos y violencias.

B.- Trabajo forzado

Es todo trabajo o servicio exigido a un individuo contra su voluntad, bajo amenaza y sin recibir remuneración compensatoria adecuada. Esto puede ocurrir porque es víctima de engaños, amenazas de violencia física o psicológica, o retención de documentos, entre otros. La mayoría de los casos se dan en el sector privado y los relacionados con la explotación sexual comercial representan un 23%, y sus víctimas son en su mayoría (casi cuatro de cada cinco) mujeres o niñas.

C.- Trabajo infantil

Según la UNICEF, representa una de las realidades más desgarradoras y urgentes de nuestro tiempo. Se estima que hay unos 160 millones de niños en todo el mundo que trabajan en situaciones de explotación y abuso, muchos incluso antes de aprender a leer y escribir y varios millones más en situación de riesgo. El trabajo infantil roba a los niños y niñas la posibilidad de desarrollar su infancia con normalidad, les aleja de la escuela y afecta a su dignidad y su futuro.

Esta realidad perpetúa ciclos de pobreza y desigualdad social e incluye reclutamientos de niños por grupos armados, explotación sexual y trabajos en condiciones infrahumanas.

Según Unicef, más de la mitad están en la África Subsahariana, más de 26 millones en Asia Central y Meridional, otros 24 millones en Asia Oriental u Sudoriental, más de 10 millones en África del Norte y Asia Occidental, unos 8 millones en América Latina y el Caribe e incluso unos 2 millones en América del Norte y en Europa.

D.- Matrimonios forzados

Según Naciones Unidas el matrimonio infantil y forzado es una violación de los derechos humanos y una práctica nociva que afecta de forma desproporcionada a las mujeres y las niñas en todo el mundo impidiéndoles vivir sus vidas libres de toda forma de violencia. Les priva de su capacidad de decisión sobre las vidas y las hace más vulnerables a la violencia, el abuso y la discriminación. 14,2 millones de niñas son obligadas cada año a contraer matrimonio forzado y a una edad muy temprana. Eso significa una privación de los derechos humanos fundamentales, tanto en el acceso a la educación como en la posibilidad de planificar su futuro a largo plazo.

Más de 650 millones de mujeres vivas hoy en día se casaron cuando era niñas, 28 niñas cada minuto.

Las mujeres refugiadas son especialmente vulnerables a los matrimonios forzados y los países donde se registra la mayor tasa de esta forma de esclavitud en el siglo XXI son Chad, Níger, y República Centroafricana, pero también en todos los países musulmanes.

4.3.- Soluciones a la esclavitud moderna

Según la OIT, Walk Free y la Organización Internacional para las Migraciones proponen medidas conjuntas para combatir la esclavitud moderna y algunas de ellas son:
- Mejorar y hacer cumplir las leyes e inspecciones de trabajo

- Poner fin al trabajo forzoso impuesto por algunos Estados
- Reforzar las medidas para combatir el trabajo forzoso y la trata de personas en empresas y cadenas de suministro
- Promover la contratación justa y ética
- Ampliar la protección social
- Reforzar las protecciones legales, incluida la elevación de la edad para contraer matrimonio a los 18 años sin excepción
- Mayor apoyo a las mujeres, niñas y personas vulnerables y
- Sobre todo, la educación.

Pero el mayor esfuerzo lo debemos orientar a concienciar al mayor número de personas posible para el conocimiento y reconocimiento de unos hechos que no nos gusta recordar, pero que existen y que entre todos debemos esforzarnos en cambiar.

4.4.- Esclavitud en el islamismo del siglo XXI

A.- Grupos islamistas radicales

El Estado Islámico y Boko Haram vinculan estrechamente el yihad o "guerra santa" contra los infieles con la esclavitud, sobre todo de sus mujeres y niñas, que son entregadas a sus combatientes como recompensa por su lucha por la reconstrucción del califato. Así, además, en su sociedad machista y retrógrada, consiguen aumentar su poder de atracción y reforzar su ideología fundamentalista y totalitaria.

B.-Islamismo y esclavitud

Desde sus inicios estuvieron muy unidos e identificados el uno con el otro ya que el crecimiento del imperio musulmán siempre estuvo propiciado por la conquista y la conversión de los vencidos en esclavos, que dejaban de serlo si se hacían musulmanes. Por la presión europea los países musulmanes fueron aboliendo la esclavitud (desde Túnez en 1846 a Mauritania en 1980), pero no se desarrolló un movimiento abolicionista como en Occidente, sino más bien permisivo y en muchas escuelas y mezquitas se siguen enseñando las leyes de hace más de 1300 años que hablan de la esclavitud y la doctrina coránica que la justifica.

C.-Siglo XXI

La GIA (Grupo Islámico Armado de Argelia), Boko Aram (Nigeria) Estado Islámico (en Irak y Siria) y Abu Sayyaf en Filipinas en los primeros 20 años del siglo

XXI han esclavizado a infieles, sobre todo mujeres, que en su mayoría fueron obligadas a convertirse y a casarse con los combatientes.

5

Sobre los refugiados

5.1.- Refugiados en el mundo

Según los últimos datos de la Agencia de las Naciones Unidas para las Personas Refugiadas (ACNUR) en 2024 hay más de 43,4 millones de personas refugiadas en el mundo, de las cuales 17, 3 millones son menores de edad.

El 69% de las personas que huyen de conflictos y persecuciones son acogidas por las naciones vecinas y por ello los cinco países con más refugiados son Turquía, Irán, Jordania, Alemania y Palestina. Turquía es el país que más refugiados acoge con una cifra estimada de 3,5 millones en todo su territorio. Irán también acoge una cifra similar de refugiados. Alemania acoge unos 2 millones de refugiados, la gran mayoría de Ucrania y Siria.

El mayor campo de refugiados (rohinyás musulmanes de Birmania) del mundo se encuentra en Bangladesh en una situación de gran insalubridad, sumando 907.766 personas según ACNUR.

España ha registrado alrededor de 163.200 nuevas solicitudes de asilo solo en 2023, siendo las nacionalidades más destacadas, como en años anteriores, las de los procedentes de Venezuela, Colombia, Perú, Honduras y Cuba, aunque también se registraron solicitudes de Marruecos y Senegal.

5.2.- Causas de exilio

Los refugiados son personas que huyen de conflictos bélicos, políticos y religiosos o de la persecución. Su condición y su protección están definidas por el derecho internacional y no deben ser expulsadas o retornadas a situaciones en las que sus vidas y sus libertades puedan correr riesgos.

La mayoría son personas corrientes que viven una vida fuera de lo corriente: arrancados de sus casas por el miedo, los conflictos o las persecuciones y abandonando sus empleos, posesiones, sueños e incluso familias en su lucha por sobrevivir, huyendo de la violencia.

5.3.- ¿Qué hace la ONU por los refugiados?

Las fuerzas de mantenimiento de la paz de la ONU suelen encargarse de proteger los campamentos en los que tienen que vivir los refugiados. En el momento en que no pueden satisfacer sus necesidades básicas, como la alimentación, el agua o el saneamiento, la ONU se las proporciona, aunque no siempre con la debida eficacia.

5.4.- Problemas a los que se enfrentan los refugiados en el siglo XXI

A.- Problemas de salud:
- Trastornos psiquiátricos como depresión o estrés traumático
- Tuberculosis y enfermedades infecciosas como el VIH
- Problemas de salud como hepatitis y varicela
- Sentimiento de soledad y pérdida del apoyo social
- Insomnios, comportamientos obsesivos y recuerdos terribles

B.- Discriminación y xenofobia, incluyendo condiciones de vida, vivienda y trabajo deficientes, además de acceso deficiente o restringido a los servicios de salud generales. Experiencias de acoso por compañeros, adultos o agentes de la ley. Desconfianza de las demás personas.

5.5.- Países europeos que les ofrecen más beneficios sociales

Alemania, Grecia, Portugal, España y Reino Unido ofrecen beneficios sociales similares a los nativos y a los inmigrantes, mientras que Austria, Bélgica, Francia, los Países Bajos y los países nórdicos les dan mayores beneficios sociales temporales a los inmigrantes que a los nativos.

En España los refugiados tienen derecho a permanecer en instalaciones financiadas por el gobierno durante un máximo de 18 meses y el país dedica 60,6 millones de euros anuales a ayudarles.

El gran peligro reside en la utilización política de las personas migrantes como chivo expiatorio de los problemas sociales, reales o ficticios culpándoles de las dificultades del acceso a los servicios públicos sin buscar las verdaderas causas.

5.6.- 10 principales nacionalidades solicitantes de asilo en España

En 2022 han sido los siguientes países:
>1.- Venezuela: 47.300 solicitudes
>2.- Colombia: 36.012 solicitudes
>3.- Perú: 8.937 solicitudes
>4.- Marruecos: 3.905 solicitudes
>5.- Honduras: 3.017 solicitudes
>6.- Nicaragua: 2.118 solicitudes
>7.- Mali: 1.713 solicitudes
>8.- Afganistán: 1.581 solicitudes
>9.- El Salvador: 1.501 solicitudes
>10.- Cuba: 1.392 solicitudes

6

Sobre la sociedad del siglo XXI

6.1.- Sobre la eclosión de la extrema derecha

6.1.1.- La extrema derecha racista actual y su contagio

Como nos lo explica Luigi Ferrajoli: "El mercado global y libre es obviamente legítimo, pero es un lugar de poder y no de libertad. El poder de los mercados se ha hecho evidente con la globalización. Cuando los mercados han desbordado las fronteras nacionales, los poderes económicos han revelado ser también poderes globales, que se han fortalecido extraordinariamente porque no existe esfera pública a su altura.

El gran riesgo de la globalización y del dominio de los poderes salvajes del mercado está produciendo algo que no tiene precedente en la historia: el riesgo de la inhabitabilidad del planeta. La humanidad podría desaparecer. Es un fenómeno al que habría que dar respuesta desde el derecho. Es la única respuesta posible. La guerra ya ha acabado incluso con el tabú de la bomba atómica. Hoy se dice que es improbable, pero no imposible que Putin pueda usar armas atómicas".

Ha sido precisamente la globalización financiera la causante de la brutal crisis financiera y económica de 2008 con unas consecuencias inesperadas y muy dañinas para el bienestar social y económico de las clases media y media baja de los países más desarrollados de todo el mundo.

Todavía en la actualidad (estoy escribiendo estas líneas en enero de 2025) ignoramos realmente cuáles van a ser las consecuencias reales que el abuso del sistema financiero por personas y entidades sin ética alguna y pensando exclusivamente en el máximo beneficio a corto plazo, ocasionará a medio y largo plazo.

Muchos millones de ciudadanos de clase media y clase media baja, incluyendo trabajadores de miles de empresas que se quedaron en el paro o con salarios muy inferiores a los habituales porque las empresas trasladaron a los países de Asia sus instalaciones para abaratar sus costes, de repente sintieron que los sistemas político y económico de sus países habían fallado y se habían olvidado de ellos. Ésta ha sido la primera consecuencia inevitable por el cambio radical de un sistema capitalista liberal a un sistema capitalista neoliberal y sin frontera financiera alguna.

Y los partidos políticos, tanto los conservadores como los socialistas, habituales detentadores del poder en los últimos 60 años, se quedaron mudos sin saber responder a la crisis y mucho menos a las demandas y al malestar de sus ciudadanos.

La extrema derecha mundial aprovechó la brutal crisis financiera y económica de 2008 para erigirse como estandarte de la solución, para adoptar su "vocación" de salvador de un mundo en crisis y para intentar convencer, en especial a los desafortunados perdedores de la crisis financiera, de que ella podía ser una alternativa. Las extremas derechas han optado por la figura del "hombre fuerte", que siempre en la historia de la Humanidad ha aparecido para prometer salvaguardar los intereses del pueblo llano y terminar convirtiendo a ese mismo pueblo en un muñeco o pelele ignorante, adepto permanentemente al gregarismo y a perder su libertad por conseguir algo de seguridad.

A ese Hombre Fuerte (llámese Putin, Bolsonaro, Erdogan, Trump, Orbán, Meloni u otro cualquiera) le basta la presentación de soluciones demasiado fáciles a los complejos problemas existentes en cada país para alimentar la ira contra los políticos en el poder y contra su supuesta culpabilidad, acusándolos de haber fallado tan estrepitosamente por no haber previsto ni la crisis ni respondido a sus consecuencias.

Así están consiguiendo los grupos y partidos políticos de extrema derecha apoyos cada vez más amplios, liderando ese creciente malestar de la población contra los políticos y buscando un "culpable causante de sus males", absolutamente diferente de quienes realmente los habían provocado, como fueron las grandes entidades financieras que abusaron de su poder e influencia y generaron la crisis financiera de 2008, junto con las grandes empresas industriales que llevaron sus Fábricas a Asia.

Y el ejemplo más evidente lo tenemos en Trump, quien además tuvo (y sigue teniendo) la deshonestidad e indecencia de señalar a los más débiles, a los de fuera, a los inmigrantes en su búsqueda de un enemigo a culpabilizar y combatir. Y toda la extrema derecha mundial comprendió con rapidez que había encontrado "las minas del Rey Salomón" en la culpabilización de los inmigrantes y en su denigración como responsables de todos los males de sus propias sociedades.

Y lo peor parece estar por llegar, porque todas las derechas de todo el mundo parecen estar dispuestas a copiar los planteamientos de la extrema derecha con el único objetivo de evitar la caída de votos a corto plazo. Quienes hace muy pocos años hablaban de cerrar filas contra las posiciones extremistas de ambos lados, ya se han olvidado de ello y han empezado a pactar con ellos para mantenerse en el poder.

No hace falta ir muy lejos para comprobarlo: El PP español con Vox, la derecha francesa con Le Pen, la derecha italiana con Meloni, e incluso se ven movimientos en el Consejo de Europa que nadie sabe cómo terminarán.

6.1.2.- El ejemplo de Alemania

La historiadora alemana Christina Morina nos comenta las razones del populismo de AfD en Alemania del Este:

Primero.- La adaptación de la Alemania del Este a la democracia fue bastante traumática, con duros recortes, demasiado rápida y por tanto bastante irreflexiva. Las pensiones no se igualaron hasta mucho más tarde.

Segundo.- De un 10% al 15% de los alemanes son abiertamente autoritarios, nacionalistas, que rechazan la inmigración y con una tradición populista de derechas.

Tercero.- Hay mucha inseguridad, fatiga de transformación y una especial reticencia o escepticismo, incluso rechazo de las instituciones tradicionales de la democracia representativa, incluidos los partidos por

Cuarto.- A todo ello se ha unido la fuerte crisis financiera y sus efectos sobre la sociedad alemana y sobre sus empresas y empleados.

La AfD está consiguiendo unas cotas de poder y de respaldo popular inimaginables hace solamente dos o tres años.

6.1.3.- Resultados de la normalización de la extrema derecha en Europa

La normalización de la extrema derecha en toda Europa genera exclusión y en estos momentos el antiguo "antisemitismo" se ha transformado en un rechazo a los inmigrantes y juega el mismo papel promoviendo la desigualdad y redefiniendo los valores centrales de la democracia, es decir, el Estado de Derecho fundamentalmente.

Se pretende aplicar a los inmigrantes leyes diferentes, cuando un valor fundamental de la democracia es que los derechos y obligaciones deben ser los mismos para todos los residentes de un mismo país. Poco a poco se extiende una nueva normalidad que excluye a grupos sociales supuestamente culpables de los problemas sociales.

Uno de los principales éxitos de la extrema derecha ha sido conseguir que se le identifique como "conservador nacionalista" al partido de Meloni.

6.1.4.- Sobre los partidos políticos actuales

La dramaturga, activista y estratega tecnopolítica española Simona Levi nos expone su criterio sobre los partidos políticos actuales: "Los grandes problemas de nuestra época se deben a la estructura de los partidos políticos, porque son como empresas privadas que mantenemos entre todos. Tienen que mantener a sus cúpulas y colocar a sus bases. Muchas veces los políticos ni siquiera tienen las competencias para gestionar lo que gestionan. Y somos su moneda de cambio.

En la ideología nos cuesta ponernos de acuerdo, pero no debería ser tan difícil ponerse de acuerdo en lo que hay que hacer. La solución a los problemas puede ser sencilla, es el ámbito político el que la hace complicada. El problema son los partidos con sus discípulos fanáticos y mentores muy ricos que crean tapones. Al final, se trata de gente buscando el poder".

¿Cuánta razón hay en estas palabras?

Coincido con ella prácticamente en todo lo dice, ya que realmente funcionan como empresas privadas (pero con dinero público) y deben mantener una organización tanto mayor cuanto más grandes se hacen y su preocupación más importante deja de ser el servicio al pueblo, para convertirse en buscar los medios, sean los que sean, para obtener el máximo de votos y ser capaces de responder a sus necesidades financieras.

La gran diferencia, aparte de la propia financiación, entre las empresas y los partidos políticos reside en que las empresas contratan siempre a personas que han demostrado las capacidades necesarias, mientras que los partidos políticos no.

Y otra gran diferencia está también en que las empresas no engañan ya que desde el primer día declaran sus intenciones y luchan sin duda alguna por ellas, mientras en los partidos políticos hay muchas preocupaciones e intereses que se cruzan y demasiadas veces parecen no dedicarse en absoluto al servicio para el que se inventaron, es decir, para el bien del pueblo y no el bien y el beneficio de quienes están integradas en los propios partidos.

Considero que debemos añadir a esta reflexión la enorme influencia que ha tenido y sigue teniendo la poca e inútil reacción de la mayoría de los partidos políticos en el poder de las economías occidentales que no han sido capaces de vislumbrar la grave situación económica y social que podían acarrear las crecientes desigualdades de riqueza en la mente de sus ciudadanos, que reclamaban medidas para recuperarse de la brutal crisis de 2008.

Estos mismos políticos parecen seguir preocupándose más de mantenerse en el poder, incluso halagando y pidiendo ayuda a quienes fueron los verdaderos culpables de la crisis, sin atreverse a explicar a sus víctimas lo que realmente sucedió.

¿Han escuchado ustedes alguna confesión de culpabilidad?

¿Algún político de cierto nivel ha acusado a los grandes grupos financieros de haberse sobrepasado en sus funciones o de haber provocado la caída de tal o cual entidad financiera y de todo el sistema económico mundial en 2008?

¿Ha pedido alguno de ellos perdón por haberse equivocado totalmente en la toma de decisiones para acelerar la recuperación, que abocó en un alargamiento innecesario de la crisis?

No.

Lógicamente los espabilados de turno, en este caso, Trump y los grupos de extrema derecha, se preocuparon de ampliar la enorme brecha de desconfianza que se había abierto sobre los políticos y entraron por ella y siguen todavía creciendo ante la falta de respuesta de los políticos profesionales, socialistas y conservadores, más preocupados de ellos mismos que de las necesidades y preocupaciones reales del pueblo. Incluso estos mismos políticos están cada día más influenciados por el pensamiento de extrema derecha de culpabilizar al débil, al inmigrante, alimentando un nuevo y potente racismo.

6.1.5.- Sobre la extraña posición de los partidos de izquierdas

Como ya lo hemos expuesto con anterioridad, la pérdida de su base social es "un todo uno" con la pérdida de identidad política de la izquierda. Todo remite al gran problema de la globalización, que ha conseguido enriquecer a unos pocos y, sobre todo, les ha concedido un enorme poder, al que parecen doblegarse demasiados representantes de partidos de izquierdas que en otros tiempos solo defendían a las clases trabajadoras.

Hace falta una reflexión profunda en las izquierdas, pero también debemos tener mucho cuidado en evitar los simplismos del "blanco o negro", ya que el mundo de hoy es tremendamente complejo y debemos actuar dentro de esa complejidad sin perder la perspectiva visionaria, que no debe ser otra que "todo para el pueblo y solo para el pueblo", ya que las minorías más enriquecidas y poderosas ya saben cuidarse solas.

Según de Haas, los partidos de izquierdas se suelen presentar más favorables a los recién llegados, pero siempre terminan aplicando las mismas restricciones que sus oponentes conservadoras. Pura hipocresía.

Como nos lo recuerda Najat el Hachmi: "Nos asombra y nos llena de impotencia e indignación que sean sectores progresistas quienes compren el mismo marco simplificador de la extrema derecha. Creen defender a los musulmanes y a los palestinos cuando no son capaces de condenar las actuaciones de HAMÁS y a menudo sofocan las voces de aquellos que están jugándose la vida contra las teocracias contrarias a los derechos fundamentales y las libertades individuales.

Muchos dirigentes políticos europeos de izquierdas tratan con una deferencia exquisita a quienes a todas luces no son más que fascistas en nombre de Dios.

Es la mirada de un musulmán ilustrado que no puede comprender el doble lenguaje utilizado por demasiados políticos supuestamente de izquierdas, pero que agachan la cabeza ante los magnates también musulmanes que les ofrecen negocios económicos muy sabrosos a cambio de su silencio o simplemente por mirar hacia otro lado cuando hace falta.

 Luigi Ferrajoli se pregunta: ¿Y por qué la izquierda ha perdido esta guerra? Y se contesta así: "La izquierda cometió el error histórico de la adhesión al modelo soviético, opción equivocada desde el comienzo. Después ha vivido esta adhesión con un sentimiento de culpa y tras la caída del muro ha hecho todo lo posible por relegitimarse, aceptando en buena parte, las políticas de la derecha:
-   La precariedad del trabajo
-   Las políticas contra los migrantes, etc.

La pérdida de su base social es todo uno con la pérdida de identidad política de la izquierda. Todo remite al gran problema de la globalización".

6.1.6.- Sobre los partidos de derechas

Según de Haas, los partidos de derechas son más duros en su discurso, pero aplican las mismas restricciones que las izquierdas, es decir, son más duros en las palabras que en los hechos.

De Haas cree que las actitudes agresivas extremistas solo benefician a los promotores originales y acaban facilitando la promoción de peligrosos discursos deshumanizadores acerca de migrantes y refugiados, dando potencialmente más combustible a la ultraderecha.

Tal como nos lo expone Andrea Rizzi, la causa del giro de los partidos conservadores hacia la extrema derecha es el temor a perder votos ante una ultraderecha pujante. La raíz del problema para la mayoría de los expertos es el malestar socioeconómico de una parte significativa de las clases trabajadoras de los países occidentales, y estas personas perciben (o son inducidos a percibir) a los inmigrantes como competidores o una amenaza.

Es más fácil para los partidos políticos convertir a los inmigrantes y solicitantes de asilo en chivos expiatorios, en lugar de argumentar una transformación económica estructural a largo plazo.

Para Christina Morina resulta muy peligroso que otros partidos conservadores empiecen a considerar opciones de colaboración con la extrema derecha. Puede resultar desastroso.

Las colaboraciones, como ya se están practicando en España entre el Partido Popular y VOX, requieren la formación de acuerdos y cesiones por ambas partes. Al permitir que los ultras puedan opinar y llegar a acuerdos sobre los fundamentos del país, sobre el sistema jurídico, sobre los medios de comunicación, sobre cuestiones culturales, etc., al darles espacio, se abre la puerta a socavar y abolir la democracia tal y como la conocemos.

6.2.- Sobre las desigualdades y su influencia en el racismo

La crisis financiera del año 2008, ocasionada por el uso excesivo de riesgos financieros a corto plazo para conseguir unos beneficios extraordinarios en un mercado excesivamente convulso por una inflación bursátil aparentemente estable, provocó la mayor crisis financiera del siglo XXI.

Pero lo peor estaba por llegar: La nefasta gestión del banco mundial y de los bancos centrales nacionales de los países más poderosos del mundo en vez de fomentar una pronta recuperación, alargó una crisis durante casi diez años provocando el cierre de muchos miles de empresas industriales y la pérdida de millones de puestos de trabajo.

Y la que más sufrió fue la llamada hasta entonces "clase media", personas y familias con niveles de ingresos medios de los países industrializados que en gran cantidad se vieron sin trabajo o con graves problemas financieros por tener que asumir ocupaciones de menor nivel.

Crecieron de forma desmesurada enormes desigualdades de riqueza y oportunidades y los largos años de políticas de austeridad impuestas a la gente normal llevaron a un presente en el que políticos sin complejos se han atrevido a aprovecharse de la coyuntura y a prometer soluciones fáciles a una situación que se ha vuelto muy compleja.

Los partidos políticos tradicionales, tanto de derechas como de izquierdas, se vieron desfondados y sin alternativas y aun en 2024 siguen sin despertar. Como ya he comentado, acudieron a políticas financieras de austeridad que no hicieron sino agravar la situación.

El escritor británico de origen japones Kazuo Ishiguro nos lo expone así: "Se ha permitido que crezcan enormes desigualdades de riqueza y oportunidades y los largos años de políticas de austeridad impuestas a la gente normal después del escandaloso crash de 2008, nos han llevado a un presente en el que proliferan las ideologías de extrema derecha y los nacionalismos tribales. El racismo está creciendo otra vez revolviéndose debajo de nuestras calles civilizadas como el despertar de un monstruo enterrado"

El racismo se basa en una idea mítica de lo que es un inmigrante, pero ahora es fruto de la desesperación de la gente que ve que su mundo, sus derechos, su trabajo, su seguridad están siendo dañados, y aunque ello sea fruto no de la inmigración sino del sistema (neoliberalismo), los "hombres fuertes" de la extrema derecha han ejercido una influencia feroz culpando solo a los inmigrantes.

Es lógico reconocer, como lo hace el activista chino Ai Weiwei, que todas las culturas tienen un grado de prejuicio hacia las demás. Mientras estos prejuicios no dañen la dignidad nacional o la de los individuos, no cree que sean un problema y en ello estoy plenamente de acuerdo.

Pero alimentar el odio y la desconfianza contra los inmigrantes no es una actitud que pueda favorecer ningún clima social, sino que incrementan los prejuicios culturales que ya tenemos porque se nos han inculcado desde que nacemos. De esta forma no hacemos sino acrecentar los miedos y los odios contra personas que vienen a nuestras tierras a buscar un trabajo y un futuro que se les niega en las suyas.

¿Tan pronto hemos olvidado que también nuestros padres o abuelos fueron emigrantes?

Hemos de reflexionar y ponernos en la mente y el cuerpo de esos seres humanos cuya única diferencia con nosotros es que tuvieron la "maldita suerte" de nacer en una cultura y en un lugar muy diferente a los nuestros, aunque sus necesidades y aspiraciones de una vida mejor para ellos y sus familias sean exactamente las mismas que las nuestras.

6.3.- Sobre internet y los fake news

6.3.1.- Internet y la extrema derecha

Uno de los causantes del enorme éxito que está obteniendo la extrema derecha es Internet. Simona Levi nos lo explica así: Nació como una herramienta de libertad y de comunicación entre personas: es una herramienta maravillosa. Es una pena que nuestras instituciones no estén a la altura y dejen que la red sea ocupada por latifundios privados. En Internet se ha vuelto a los intermediarios: las multinacionales. La red ha sido copada por los poderes que tienen dinero para invertir en propaganda. Desde la compra de X por Elon Musk esto ha empeorado.

Hay una solución para las fake news: separar libertad de expresión de negocio. Porque esa propaganda que cambia las cosas está siempre relacionada con una inversión. Un informe reciente dice que las 10 cuentas que más desinformación difunden en X han generado 19 millones en publicidad. Hay un negocio en torno a la desinformación y es necesario e imprescindible regularla.

No se puede legislar lo que es mentira o no, porque se recorta la libertad de expresión, pero si que se puede ver cuánto dinero se invierte y se cobra porque un mensaje se difunda. En este caso hay que demostrar que la información está verificada.

Para cuando las instituciones abrieron los ojos, los latifundios digitales ya estaban allí. Y no solo lo han permitido, sino que incluso lo han facilitado. Antes de las multinacionales había mucho software libre, por ejemplo, en el sector de la educación, ahora cautivo de las herramientas de las corporaciones.

Tampoco tenemos soberanía, trabajamos en nubes que no son muestras, porque la nube como tal no existe, es el ordenador de otras personas. Entregamos nuestras cosas al ordenador de Google y no tenemos control sobre ellas. Necesitamos un código abierto para todas las actividades cotidianas, mantenido públicamente, que pueda competir con los privados.

Si el Estado invierte su dinero en un sistema privado, lo está regalando a las empresas. Pero puede invertir en un esfuerzo comunitario en el que participe todo el mundo. Cualquiera podría acceder al código y mejorarlo. Y las comunicaciones podrían ser de un usuario a otro, sin pasar por los servidores de una gran empresa. Que un e-mail tenga que pasar por un servidor central es un anacronismo.

6.3.2.- La IA y la xenofobia
Raúl Limón nos expone en su artículo "Cómo usar la IA": "La xenofobia fundamentada en mentiras y tergiversaciones alimenta los canales ávidos de tráfico, polémica, datos y del dinero que conllevan.
Dos investigaciones intentan poner diques contra la avalancha del lodo digital: una del JRC europeo señala que es más eficaz desmentir que prevenir y otra, publicada en SCIENCE defiende que el diálogo con una máquina de IA puede ayudar a combatir la desinformación y la manipulación.

Sin embargo, los bulos y las falsedades que se difunden, con independencia de que haya intención de engañar, están, según el Foro Económico Mundial, entre las mayores amenazas globales, siendo especialmente vulnerables los jóvenes, ya que se advierte que la IA puede ser un arma que potencie la creación y difusión de mentiras".

Hemos de comprender que la Inteligencia Artificial en sí misma es un sistema tecnológico que nos va a permitir mejorar y reducir los tiempos y los costes para alcanzar objetivos e información sensible, es decir, que la IA es un avance formidable para la humanidad.

Otro asunto es que seamos nosotros los humanos quienes la utilicemos o no de la forma más adecuada para conseguir lo mejor de ella. Siempre habrá personas que puedan utilizarla para difundir el denominado "lodo digital", la desinformación, el engaño, la mentira con mucha mayor facilidad y difusión que antes, es decir, incluso difundir la xenofobia, como lo está haciendo en la actualidad tanto Trump como VOX.

6.3.3.- Los datos de la IA sobre criminalidad de los inmigrantes

La Inteligencia Artificial también nos permite llevar a cabo estudios con mucha mayor amplitud y con resultados cada vez más objetivos. Así, ante la pregunta sobre si la inmigración hace crecer la criminalidad, respondiendo directamente a una de las más graves acusaciones realizadas por Trump contra los inmigrantes la IA responde: "No, al contrario". Múltiples estudios han demostrado consistentemente que los inmigrantes tienen menos probabilidades de cometer delitos que los ciudadanos nativos. El "CATO INSTITUTE" de Whasington , que lleva a cabo investigaciones no partidistas, descubrió que tantos los inmigrantes legales (documentados) como los ilegales tienen tasas de encarcelamiento muy inferiores a los de los estadounidenses nativos.

Los datos de criminalidad del FBI indican que las áreas con un mayor número de inmigrantes, a menudo, experimentan una disminución o estabilización en las tasas de criminalidad.

6.3.4.- Riesgos principales de la IA

Por las razones ya expuestas de un mal uso de la IA, se pueden generar riesgos que deben ser previstos y combatidos desde los gobiernos, como:

1.- Puede hacer que los usuarios se vuelvan más susceptibles, suspicaces o maliciosos con la desinformación

2.- Puede proporcionar información sesgada o parcial a los usuarios

3.- Puede erosionar la confianza de la sociedad en el conocimiento compartido por grupos extremistas

4.- Puede facilitar campañas de desinformación hiperdirigidas al ofrecer formas novedosas y encubiertas para manipular la opinión pública.

6.3.5.- Soluciones posibles

En el ámbito técnico

1.- Limitar las funcionalidades de los asistentes de IA

2.- Desarrollar mecanismos robustos de detección de falsedades, como el recién creado Debunkbot

3.- Promover resultados fundamentados en "pensamiento crítico" y "hechos contrastados".

Y en el ámbito político:

4.- Restringir aplicaciones que vulneren la ética

5.- Implementar mecanismos de transparencia

6.- Desarrollar fórmulas de educación

Es cuestión de voluntad política. Se trata de asumir la existencia real de una humanidad mestiza, en la que se asegura la salud y la subsistencia de las personas, que puedan desplazarse donde quieran".

6.4.- Mirando al futuro

6.4.1.- Clima de miedo y esperanza

El filósofo y ensayista coreano, afincado en Alemania, Han Byung-Chul nos da su visión sobre el clima social que percibe en buena parte de la sociedad industrializada y que ha sido aprovechado por la extrema derecha: "El apocalipsis está de moda. Estamos padeciendo una crisis múltiple. Miramos angustiados a un futuro tétrico. La vida se ha reducido a la supervivencia. Existe un clima de miedo que mata todo germen de esperanza. El miedo crea un ambiente depresivo. Los sentimientos de angustia y resentimiento empujan a la gente a adherirse a los populismos de derechas. Atizan el odio. Acarrean la pérdida de solidaridad, de cordialidad, de empatía. El aumento del miedo y del resentimiento provoca el embrutecimiento de toda la sociedad y, en definitiva, acaba siendo una amenaza para la democracia.

El miedo ha sido siempre un excelente instrumento de dominio. Vuelve a las personas dóciles y fáciles de extorsionar. En un clima de angustia las personas no se atreven a expresar libremente su opinión, por miedo a la represión. Los discursos de odio y los linchamientos digitales, que claramente atizan el odio, impiden que las opiniones se expresen libremente.

Hemos perdido el valor de pensar. Y, sin embargo, es el pensamiento, cuando se hace empático, el que nos abre las puertas de lo totalmente distinto. Cuando impera el miedo las diferencias no se atreven a mostrarse. Se impone el conformismo. El miedo nos cierra las puertas a lo distinto.

Donde hay miedo, es imposible la libertad. Miedo y libertad son incompatibles. El miedo puede transformar una sociedad entera en una cárcel. La esperanza va dejando indicadores y señalizadores de caminos. La esperanza es la única que nos hace ponernos en camino. Nos brinda sentido y orientación, mientras que el miedo imposibilita la marcha.

En la actualidad el miedo a los virus y las guerras y el miedo climático se extienden y también la pandemia del miedo, el miedo al futuro, que limita las acciones abiertas al futuro. Esperanza significa "mirar a lo lejos, mirar al futuro". La esperanza nos abre los ojos al porvenir, nos permite detenernos para escuchar, para acechar, para olfatear, para mirar dónde ponernos y qué dirección tomar. Quien tiene esperanza obra con audacia y no se deja confundir por los rigores y las crudezas de la vida. Al mismo tiempo la esperanza tiene algo de contemplativo. Se estira hacia adelante y aguza al oído.

A diferencia del optimismo, la esperanza supone un movimiento de búsqueda, es un intento de encontrar asidero y rumbo. Quizá sea por eso precisamente que nos lanza hacia lo desconocido, hacia lo no transitado, hacia lo abierto, hacia lo que todavía no es, porque no se queda en lo que ha sido ni en lo que ya es. Pone rumbo hacia lo que aún está por nacer. Sale en busca de lo nuevo, de lo totalmente distinto, de lo que jamás ha existido. El esfuerzo alimenta la esperanza".

¿Qué puedo añadir sobre lo expuesto tan crudamente?

Han Byung-Chul se expresa con libertad y expone con claridad las causas fundamentales de la reacción pro - dictatorial o pro – hombres fuertes de buena parte de la sociedad postindustrial del siglo XXI, que nos recuerda a la situación mental en la que se encontraban las sociedades italiana, española y alemana de los "alegres años veinte del siglo XX".

Los avances continuados en mejora del nivel de vida, en mejora de vivienda y, sobre todo, en mejora de visión de futuro que se mantuvieron desde el fin de la Segunda Guerra Mundial hasta 2008, de repente quebraron y apareció un enorme socavón que estaba ya, desde hace tiempo, bajo nuestros pies, pero nadie quería reconocer. Todos vivíamos por encima de nuestras posibilidades ya que durante los últimos quince o más años nuestras esperanzas e ilusiones de mejora se iban cumpliendo y creíamos que todo iba a seguir así con nuestros hijos y nietos.

El ser humano cambia cuando sus expectativas cambian. Volvemos a repensar las Tres Leyes de la Naturaleza Humana. La Tercera Ley, la de la Insatisfacción Permanente, predomina sobre las otras dos y buscamos culpables de nuestras expectativas fallidas.

Entre los años 2008 y 2015 los representantes gubernamentales de todos los partidos políticos en el poder se miraron al ombligo sin fijarse en lo que estaba sucediendo a su alrededor, sin darse cuenta de que la enorme ola del descontento popular crecía y crecía y tampoco pensaron que ellos mismos estaban alimentando la ola con sus medidas socio – político -financieras. En 2019 apareció el Covid-19 y pasamos otros tres años horribles.

Y, como nos lo expone Han Byung-Chul, aparecieron el miedo al futuro y los sentimientos de angustia y resentimiento contagiando un ambiente depresivo, atizando el odio, acarreando la pérdida de solidaridad, de cordialidad, de empatía, embruteciendo toda la sociedad y, en definitiva, todo ello acaba siendo una amenaza para la democracia porque estos sentimientos empujan a la gente a adherirse a los populismos de derechas. El miedo ha sido siempre un excelente instrumento de dominio. Y apareció la extrema derecha contando que la culpa la tenían los políticos y los inmigrantes y se quedó con el premio de los votos descontentos, que eran y siguen siendo muchos.

El filósofo Han Byung-Chul nos ofrece un único camino, el de alimentar la esperanza para combatir la angustia y el resentimiento. Y yo me pregunto: ¿La esperanza en qué o en quién, cuando seguimos viendo a nuestros políticos de 2024 temblar ante las fuerzas de extrema derecha cada vez más potentes? Nos recomienda mirar a lo lejos, mirar al futuro para buscar nuevos rumbos y caminos por donde avanzar.

Estoy totalmente de acuerdo, pero además debemos empezar a trazar esos nuevos caminos, empezando por enfrentarnos radicalmente al pensamiento supremacista de la división del mundo entre "culpables" y "no culpables", entre autóctonos e inmigrantes, entre hombres y mujeres, entre clases sociales, etc.

Cambiar de mentalidad no va a ser fácil ya que nuestro propio instinto, por la Primera Ley de la Naturaleza, nos induce a ser egoístas y a hacer prevalecer siempre los intereses míos y de mi familia sobre todos los demás.

Hay un enorme camino, que ni siquiera está marcado, por recorrer, hay una gran montaña a la que ascender, pero debemos prepararnos y el primer paso es el de reconocer la necesidad de alimentar la esperanza de que podemos empezar a andar, el segundo será trazar unas metas accesibles a corto, medio y largo plazo y el tercero andar por esas rutas nuevas con esperanza y audacia.

6.4.2.-La utopía de Ferrajoli

Luigi Ferrajoli nos habla de un futuro imaginario donde los seres humanos se entendiesen y fueran capaces de llegar a acuerdos. "¿Cómo podría llevarse a cabo? Tomando conciencia de que estamos todos en el mismo barco y no queremos ser la última generación que viva en la tierra.

Hacen falta límites y vínculos a los poderes desbocados a los que se debe esta situación, en garantía no solo de los derechos fundamentales, sino también de los bienes fundamentales, los bienes vitales de la naturaleza (el agua, el aire, las grandes masas forestales, los grandes glaciares, aquello de lo que depende nuestra supervivencia). Todo ello precisa la construcción no solo de un derecho, sino de una garantía objetiva de cómo sería un demanio (bien o derecho de titularidad pública) planetario, con el fin de ponerlos fuera del comercio, que no sean privatizables. Si no, serán destruidos.

¿Y ante qué instancias hay que articular eso? La Asamblea General de la ONU, pero las grandiosas promesas de la Carta de la ONU y de las cartas de derechos han fallado por la ausencia de las garantías.

Mi proyecto de la Tierra sirve para señalar una perspectiva. Sus 100 artículos son el diseño estructural e institucional de un ordenamiento fundado esencialmente en las instituciones de garantía. Las instituciones de gobierno deben seguir siendo de ámbito estatal, debido a que son tanto más legítimas cuanto más representativas y la relación de representatividad exige cierta proximidad entre los sujetos implicados en ella.

A escala mundial basta con instituciones como el Consejo General y la Asamblea de la ONU, que únicamente deben ser democratizadas.

¿Cómo conseguirlo? Yo estoy convencido de que, si Occidente tomase la iniciativa en este asunto poniendo en marcha un proceso gradual, no sería necesario llegar a una Constitución de la Tierra, bastaría con suscribir una serie de tratados, que, eso sí, deberían estar caracterizados por la rigidez para dotarlos de vigencia efectiva.

Por ejemplo:

1.-Un tratado sobre la paz que supusiera la eliminación de las armas, de todas, no solo de las nucleares.

2.- Un tratado sobre el medio ambiente con la institución de un demanio planetario para poner fin a la destrucción de la naturaleza.

7

Sobre las migraciones del siglo XXI

7.1.- Datos actualizados

Según la OIT de la ONU los migrantes internacionales censados en el mundo el año 2020 era de 281 millones de personas y en 2019 de 254 millones, de los que dos tercios lo son trabajadores migrantes.

Países receptores actuales de inmigrantes:
- EEUU: 43 millones de inmigrantes legales (más otros 10 millones de irregulares)
- Rusia: 12,3 millones de inmigrantes legales
- Alemania : 10, 8 millones
- Arabia Saudí: 7,3 millones
- Canadá: 7,2 millones
- Francia: 6,7 millones
- Reino Unido: 6,5 millones
- España: 6,4 millones

En todos estos casos hay que sumar entre un 5% y un 15% de inmigrantes irregulares.

Las regiones que más inmigrantes han recibido en porcentaje a su población:
- Oceanía: 16,8%
- América del Norte: 14,2%
- Europa: 9,5%
- África: 1,9%
- Asia: 1,3%

- América Latina: 1,3%

Demografía: Tanto Europa como Asia Oriental experimentarán caídas de población en las próximas décadas y, además, mayores caídas en personas con edad de trabajar. Europa: se calcula que perderá 100 millones de personas de entre 15 a 59 años entre 2010 y 2050. África subsahariana: aumentará en 600 millones en ese mismo período.

De los 209 Estados existentes en el mundo:
- 43 países se encuentran recibiendo migrantes
- 32 países los envían
- 23 los envían y reciben

7.2.- Las restricciones actuales a la migración

En la actual etapa de la globalización las políticas de inmigración se han vuelto restrictivas y las manifestaciones de xenofobia están creciendo a medida que los grupos de extrema derecha están adquiriendo peso en los países avanzados. Los medios tecnológicos de control de fronteras buscan limitar los procesos migratorios, dando origen al fenómeno social de las llamadas "personas ilegales" o "sin papeles".

7.3.- Las migraciones infantiles

En los últimos años ha aumentado el número de niños migrantes. El corredor hacia EEUU ha multiplicado por diez su número en los últimos años y la vulnerabilidad aumenta en función de la edad: Un niño o niña de corta edad corre mucho más riesgo que un adolescente, y éste más que un adulto. El riesgo se incrementa cuando la persona menor de edad viaja sola o no acompañada. El 67% de los niños y adolescentes que entra en EEUU viaja sin compañía de una persona adulta.

Diversos estudios y testimonios nos indican los principales factores que, muchas veces mezclados, empujan a los niños y adolescentes a emigrar:
- Deserción escolar: el 70% dejaron los estudios y el 97% de las niñas y adolescentes mujeres señalaron trabajo doméstico, maternidad y labores de hogar

- Desempleo juvenil: precario y de bajos ingresos
- Violencia, inseguridad: cooperantes obligados en pandillas o grupos criminales organizados
- Violencia sexual infantil o de adolescentes
- Guerra o conflictos armados
- Persecución por raza, religión, nacionalidad, grupo social, etc.
- Desintegración familiar
- Desastres naturales etc

.

Los principales riesgos para los niños y adolescentes son:
- El trayecto por rutas migratorias no oficiales
- Escasos servicios de alojamiento, sanitarios, alimentación, de emergencia
- Más exposición ante bandas criminales y abusos de todo tipo
- Exposición a detención y devolución inmediata
- Invisibilidad y clandestinidad necesarias en el país de destino
- Prejuicios y estigmas que se traducen en xenofobia y discriminación
- Secuestros, amenazas, extorsiones, prostitución, etc.

7.4.- Sobre el derecho a migrar

La Organización Internacional del Trabajo (OIT) ha propuesto el respeto a las cuatro libertades y sus correspondientes derechos:

- El derecho a no emigrar
- El derecho a emigrar
- El derecho a inmigrar
- El derecho a volver

Todo ello implica también el derecho y el deseo de las personas de vivir en su tierra originaria, de volver libremente a la misma, de preservar sus culturas y de reunificar a sus familias.

8

Sobre la respuesta de los distintos países

En todos los países donde se acogen migrantes nos encontramos con el actual fenómeno social de rechazo generalizado propiciado por la extrema derecha como arma política de captación de votos y seguido demasiado de cerca por los partidos conservadores que hasta hace poco se diferenciaban netamente de ellos en esta política de rechazo.

E incluso muchos partidos que apoyaban hasta no hace mucho tiempo la necesidad de acoger a más migrantes y refugiados para cubrir las carencias crecientes , ahora se callan o no levantan sus voces con la necesaria fuerza para responder a las acusaciones extremistas.

8.1.- Francia

8.1.1.- Racismo en Francia

El articulista Joseph Losavio nos habla del racismo en Francia con estas palabras: "Francia experimenta un racismo muy arraigado, aunque la mitología nacional del país afirma que es una sociedad no racista. Su violencia y discriminación se dirigen mucho más hacia las minorías raciales que hacia los franceses blancos.

Los jóvenes negros o árabes tienen una probabilidad 20 veces superior de tener que someterse a controles de identidad. El 20% de los jóvenes franceses negros y árabes afirmaron haber sido víctimas de brutalidad por la policía, muy por encima del 8% de los jóvenes blancos.

Los musulmanes tienen una probabilidad hasta cuatro veces inferior de conseguir una entrevista de trabajo que los candidatos vistos como cristianos, según el Institut Montaigne y reciben un 25% menos de respuestas que los solicitantes de empleo con nombres franceses".

8.1.2.- La mirada de la segunda generación de inmigrantes

El 22 de septiembre de 2024 apareció en el país una entrevista realizada por Íñigo Domínguez a la autora del ensayo "Seguir siendo bárbaros", la periodista francesa hija de argelinos nacida en Cannes Louisa Yousfi.

Voy a intentar plasmar su visión sobre el racismo en Francia: "Francia es especial: sigue queriendo ser la luz del mundo, estar a la vanguardia de la modernidad, de la emancipación de los pueblos. Es un país que cree absolutamente en su inocencia. Sí, torturamos en Argelia o apoyamos esa guerra, pero siempre fue por las razones correctas, cosas que no funcionaron. Así tenemos una Francia que no se atreve a mirarse a sí misma.

Y se puede decir que los musulmanes somos una amenaza para el país, para la civilización. La islamofobia es un racismo respetable (para los franceses), porque tenemos derecho a criticar las religiones, ha habido atentados, etc.

Los bárbaros en Francia, los negros y los árabes, somos los descendientes de la inmigración poscolonial. Hemos sido domesticados, pero no estamos integrados. Hay nudos, conflictos existenciales, políticas en los que estamos atrapados. Hay una ira muy profunda, una Francia a punto de estallar, dividida entre ellos y nosotros. Sí y cada vez más. Tenemos una población que tiende a ser racista, impulsada por una ideología ambiental que se radicaliza. La zona de fricción no es explícita, no es entre blancos y no blancos, pero en todo caso pasa por el islám.

La reacción de Francia por nuestra actitud: La extrema derecha se escandaliza: ellos piensan y se dicen: se lo hemos dado todo y no están contentos. No previeron que no llegaríamos a ser franceses como los demás. Y yo digo: es un éxito que no nos hayamos vuelto franceses como los demás, eso significaría avalar un crimen de civilización y mirar hacia otro lado.

Y los que se supone que nos defienden tienen el paradigma integracionista, que quiere ser amable, benevolente, pero dice: miren, sí, tenemos problemas con esa gente, no son exactamente lo que deberían ser, pero se están convirtiendo en franceses, serán franceses. La idea de integración es una trampa: Por un lado, una ideología racista, para la que somos monstruos que pueden contaminar la civilización, es decir, hay una norma de ser francés, Y cuando más nos deshagamos de todo lo que conforma nuestra identidad original, cuanto menos musulmanes seamos, mejor.

Pertenezco a una generación que creía en la integración, pero he comprendido que nos impusieron conflictos de lealtad hacia nuestros padres y nuestros países de origen. Fue casi una desintegración para nosotros. Significaba perder lo que realmente éramos y lo que era nuestra única manera de existir. Para existir en la sociedad francesa hay que dejar de existir. Eso crea un callejón sin salida.

Nosotros, los musulmanes, necesitamos una agenda política específica, una fuerza política que nos represente. Este es uno de los ejes del movimiento antirracista decolonial francés, la autonomía. No solo organizativa, también de pensamiento. Nos damos permiso para repensarlo todo.

¿Qué es el movimiento decolonial o descolonial?

La decolonialidad surgió como parte de un movimiento sudamericano que examinaba el papel de la colonización europea de las Américas en el establecimiento de la modernidad/colonialidad eurocéntrica según Aníbal Quijano, quien definió el término y su alcance. La teoría y la práctica decoloniales han sido objeto de crecientes críticas en los últimos tiempos.

El método decolonial es un enfoque que se utiliza para desafiar los métodos de investigación eurocéntricos que socavan el conocimiento y las experiencias locales de los grupos de población marginados. La pedagogía decolonial se ocupa de la reflexión/acción o praxis de la transformación de la realidad social, deshumanizada por las prácticas capitalistas, instrumentales, despolitizantes y desmovilizadoras de la organización política, social y cultural.

La descolonización es el proceso de deshacer las prácticas colonizadoras. En educación esto significa enfrentar y desafiar las prácticas colonizadoras que han influenciado la educación en el pasado y que aún están presentes en la actualidad. Un enfoque decolonial cultiva el reto de la coexistencia de lo múltiple, sin intereses de jerarquización, para hacer patente el carácter indescifrable y variopinto de la condición humana.

¿Cuál es la solución?

Es una cuestión política complicada. No se decreta desde arriba, está claro. Pero el movimiento decolonial en Francia intenta abrir un nuevo horizonte, está entrando en la sociedad. Tenemos algo que decir. No estamos aquí para agradar. Nosotros no solo no necesitamos que nos salven, sino, de hecho, vamos a salvarlos. Somos una fuente de inspiración. Hay algo en nosotros que sigue viviendo, resistiendo. Y eso no formaba parte de la narrativa nacional".

Es una visión objetiva de lo que puede estar sucediendo en todo Europa, incluyendo España. Por ello adquiere tanta importancia la propuesta de mi admirado profesor Amin Maalouf.

8.1.3.- Propuesta de Maalouf

El inmigrante libanés nacionalizado francés y escritor Amín Maalouf propone tres opciones a los gobernantes franceses en su trato con los inmigrantes que llegan al país:

"Primera.- Que todo ser humano inmigrante en Francia pueda convertirse en francés, adoptando nuestra cultura y costumbres. Y el Gobierno y la ciudadanía debe ayudarle a conseguirlo.

Segunda.- Que el inmigrante conserve su cultura y sus costumbres, pero siguiendo como elemento ajeno a la nación que le acoge.

Tercera.- La mejor: decirle con palabras, con comportamientos y con decisiones políticas: "Puedes llegar a ser uno de los nuestros, plenamente, sin dejar de ser tú mismo".

Porque lo que necesita un inmigrante ante todo es dignidad social y cultural, animándole a que asuma en paz su identidad dual y su papel de nexo".

8.1.4.- Respuesta del gobierno francés

Sin embargo, tras el sangriento asesinato del profesor Paty por un fanático musulmán, el gobierno francés consideró necesaria la imposición de una política mucho más enérgica y ha adoptado las siguientes medidas:

1.- Ofrecimiento de una movilidad social mayor para los inmigrantes, con más posibilidades de inserción económica para romper las burbujas.

2.- Expulsión del país de los fanáticos y apologistas del terror

3.- Disolución de todos los grupos que inciten al fanatismo

4.- Monitorización mucho más estricta del dinero saudí para:

> Las organizaciones supuestamente deportivas o caritativas
>
> Los predicadores enviados a Francia desde el extranjero
>
> La escolarización en casa, para adoctrinar mejor a los hijos y sobre todo a las hijas en las viejas costumbres
>
> La financiación de las mezquitas extremistas

Emmanuel Macron aprobó en diciembre de 2023 una ley migratoria tan dura que recibió los votos de Marine Le Pen (y la censura del Consejo Constitucional en 35 de sus 86 artículos).

Acabo de leer en la prensa (24.09.2024) que el nuevo primer ministro francés ha solicitado a la UE un endurecimiento en el trato a los inmigrantes y refugiados. No hay peor ciego que el que no quiere ver.

8.2.- Unión Europea (UE)

Andrea Rizzi nos define así la situación de las migraciones en la UE: "La mayoría de la ciudadanía occidental entiende que hay que proteger a quienes huyen de persecuciones, que no tienen reparos ante los extranjeros como tales, pero sí inquietudes acerca del impacto de la inmigración en el devenir económico y cultural.

La inmigración para el ciudadano no es percibida como un problema directo en la vida de la gran mayoría de los occidentales y, desde luego, no es en términos objetivos la causa de la precariedad inducida de pérdidas de empleo ni es el factor primario de la carestía de la vivienda o la infradotación de ciertos servicios públicos".

El geógrafo y autor francés Christophe Guilluy subraya que, a su juicio, la mayor sensibilidad social a la cuestión migratoria en las clases populares no significa en absoluto un mayor grado intrínseco de xenofobia. Cree que responde a una infantilización de las clases populares. Sin embargo, gracias al esfuerzo de popularización del problema migratorio llevado a cabo por los grupos políticos extremistas, Guilluy reconoce que la inmigración se ha erguido en una preocupación colectiva de peso.

Los datos del Eurobarómetro de la primavera de 2024 nos dan los siguientes resultados:

Los mayores problemas del país de residencia:
1.- El coste de la vida (38%)
2.- La situación económica (18%)
3.- La inmigración (16%)

Los mayores problemas para los encuestados:
1.- El coste de la vida (51%)
2.- La sanidad (20%)
3.- El cambio climático (12%)
Más tarde: La inmigración (6%)

Conforme a las encuestas realizadas a nivel europeo, según el artículo de Kiko Llaneras de El País, la preocupación por la inmigración en Europa es muy desigual en función de los distintos países y nos dan las siguientes cifras:

Defina uno de los dos asuntos más importantes con los que se enfrenta el país en octubre 2024: Y valoró la inmigración:
Chipre   59%

Países Bajos	34%
Alemania	30%
Malta	29%
Eslovenia	27%
Irlanda	20%
Austria	20%
Bélgica	18%
España	14%
UE	18%
Francia	13%
Hungría	10%
Portugal	6%

El Eurobarómetro también nos marca el porcentaje de población que cita a la inmigración como uno de los asuntos más importantes a los que se enfrenta el país y la UE:

Año	España	UE
2008	10%	40%
2012	3%	9%
2016	9%	30%
2020	3%	10%
2021	5%	7%
2024	14%	16%

8.3.- España

8.3.1.- Los datos estimados de la inmigración en España

año	1	2	3	4	5	6	7
2000							
2001					394.000	3.817	
2002	980.000				443.000	15.000	
2003	1.000.000				429.000	14.000	
2004	1,200.000			13.000	645.000	13.296	
2005	600.000		42.829	11.000	803.000	13.300	
2006	550.000		62.339	8.000	920.000	41.180	
2007	380.000		71.810	12.000	692.000	15.000	
2008	410.000		84.170	14.000	600.000	14.000	
2009	380.000		79.597	13.278	400.000	12.000	
2010	385.000		123.721	10.000	360.000	5.199	
2011	300.000		114.599	10.000	380.000	5.000	
2012	200.000	40.000	115.557	9.800	304.000	8.000	
2013	10.000	30.000	225.793	10.000	280.000	10.000	
2014	50.000	25.000	205.880	9.000	305.000	13.000	
2015	110.000	20.000	114.351	7.000	330.000	16.792	
2016	21.799	17.000	150.944	6.000	410.000	14.558	
2017	200.000	18.000	66.498	5.600	532.000	27.834	
2018	250.000	18.500	90.774	5.300	680.000	64.298	
2019	320.000	20.000	98.954	5.000	750.000	32.449	
2020	400.000	50.000	126.660	3.000	480.000	42.097	
2021	430.000	140.000	144.012	1.569	850.000	41.945	
2022		180.000	181.581	2.200	1258000	31.219	+887.960
2023		210.334	240.208	3096	888.000	35.456	+192.000

total			2,340.270	158.843	13,133	489.440	

Donde:

1.- Inmigrantes indocumentados: número de inmigrantes indocumentados dentro de España.

2.- Residencia por arraigo: número de inmigrantes que obtienen la residencia por llevar el tiempo suficiente en España

3.- Inmigrantes nacionalizados: media de 123.172 inmigrantes anuales

4.- Expulsiones de extranjeros indocumentadas llevadas a cabo por el Gobierno de España

5.- Llegadas totales estimadas de inmigrantes extranjeros: media de 571.000/año desde 2001 a 2023

6.- Llegadas de inmigrantes irregulares llegados de África en patera o a nado o por Melilla y Ceuta: media de 21280 anuales, lo que supone un 3,73% del total.

7.- Saldo migratorio

A fecha de mediados de 2024 se calcula que el número de inmigrantes totales en España sin nacionalidad española puede alcanzar los 8,5 a más de 9 millones de personas, ya que hay un grupo muy importante de inmigrantes irregulares que ni cotizan ni aparecen en estadística alguna.

Una estimación del año 2022 nos daba estas cifras de inmigrantes no nacionalizados en España, en comparación con el año 2011:

	2011	2.022
De América del Sur	1,426.000	2,735.000
De América Central e islas	207.000	740.000
De América del Norte	55.000	146.000
Total América	1,688.000	3,621.000
UE	2,395.000	1,648.000
Resto Europa	234.000	740.000
Total Europa	2,629.000	2,388.000
África	1,085.000	1,207.000
Asia	343.000	465.000
Oceanía	2.000	11.000
Total general	5,751.000	7,627.000

Los inmigrantes provenientes de centro y sud América se calcula que superan los 4,500.000 euros entre 2001 y 2021 y la inmensa mayoría llegó en avión como turista y después se quedó, convirtiéndose en irregulares. Una vez transcurridos tres años, normalizan su situación y se les concede la residencia y el derecho legal a trabajar en España.

En los seis años últimos se han creado 1,800.000 empleos, a pesar de que en 2020 se perdieran 213.203 empleos por el covid, y casi 600.000 corresponden a inmigrantes, quienes en su conjunto ya suponen el 13% de la población laboral de España, cifrada en 20,800.000 personas.

El escritor, académico y expolítico canadiense Michael Ignatieff considera que todos debemos reconocer la multiplicidad de etnias y descubrir los puntos que tenemos en común en nuestro país y en todos los países, porque, si no, tendremos una amenaza a la democracia.

En los tres últimos años podemos definir tres tipos de inmigrantes mayoritarios:

1.- 30.000 refugiados ucranianos con permiso de residencia en tiempo record

2.- Africanos (magrebíes y subsaharianos) que vienen por mar con gran peligro de sus vidas

3.- Sudamericanos con Visa de turista y que llegan en avión

Los que llegan a Canarias solo suponen el 5,6% del total de inmigrantes irregulares y esta es la ruta más peligrosa: mueren al menos 1 de cada 20. En total no pasan del 11% los que llegan de África.

Según las últimas estadísticas llevadas a cabo en España, la población extranjera residente en España ha crecido exponencialmente hasta los siguientes porcentajes sobre la población total:

2002 6%
2008 13%
2014 12%
2020 15%
2024 19%

8.3.2.- Regularizaciones extraordinarias de inmigrantes sin permiso de trabajo en España

La primera fue impulsada por Felipe González en 1986. El único requisito fue acreditar una estancia anterior al 24.07.1985.

En la segunda y tercera regularizaciones solo exigieron una residencia, una oferta de trabajo regular y estable y ser familiar o dependiente de los que ya habían sido regularizados. Mas de 150.000 personas obtuvieron sus papeles.

La cuarta, la quinta y la sexta fueron impulsadas por Aznar y en 8 años facilitó los papeles y la residencia a 524,621 inmigrantes no comunitarios. El presidente del Gobierno de España en el año 2000, José María Aznar, invitaba a los marroquíes a estudiar español para buscar trabajo en España y su ministro de Interior Mariano Rajoy hablaba de España como un país de acogida.

Aznar ofreció permisos de trabajo y regularizo a 264.153 inmigrantes irregulares en el año 2000 y a 239.174 inmigrantes irregulares en 2001 y a otros 21.294 durante su mandato.

El presidente de Gobierno de España José Luís Rodríguez Zapatero en el año 2005 aumentó aún esa cifra de regularizaciones extraordinarias llegando hasta las 576.605 personas.

En el año 2024 una propuesta similar (una iniciativa legislativa popular) (ILP) admitida a trámite por todos los partidos políticos, excepto Vox, amenaza con morir en el cajón en gran parte por el ruido de las acusaciones políticas derivadas del reparto de los menores migrantes llegados a Canarias.

8.3.3.- Expulsiones de irregulares

Zapatero fue quien más inmigrantes irregulares expulsó (74.389), y con las denegaciones de entrada frente a Rajoy (solo 46.965). Pedro Sánchez ha expulsado 13.804 entre 2019 y 2023.

Según los datos estadísticos oficiales se han expulsado a 158.843 inmigrantes extranjeros desde 2001 a 2022, la inmensa mayoría procedentes de África, mientras no existe estadística fiable alguna de iberoamericanos expulsados, con quienes el trato siempre ha sido muy diferentes comparándolo con las personas procedentes del Magreb y del África subsahariana.

8.3.4.- Situación en abril 2024

Habitantes en España:
- Nacionales   42,111.000
- Extranjeros   6,581.029
- Total   48,692.029

Habitantes en España
- Nacidos en España   39.773.000
- Nacidos en el extranjero   8,916.000
  Total   48,689.000

8.3.5.- ¿Cuántos inmigrantes necesita España para mantener las pensiones?

El caso es que se necesitará muchos más inmigrantes si se pretende que la economía funcione y siga mejorando en muchos sectores y actividades. Se estima que para 2050 harán falta 6,4 millones de afiliados más si se pretende alcanzar el déficit cero en el sistema de pensiones contributivas.

Según un artículo de Ignacio Pérez-Ciordia de Deia del 18 de octubre de 2024, el Banco de España cifra en 24 millones de inmigrantes nuestras necesidades de reemplazo poblacional hasta 2053.

8.3.6.- Datos de emigración desde España

1.- Emigraciones en masa desde España
- Entre 1880 y 1930: emigraron algo menos que 4,500.000 españoles a América fundamentalmente.
- Entre 1959 y 1973 emigraron unos 2,000.000 españoles a Europa

2.- Emigrantes del campo a la ciudad durante el franquismo
- Más de 7 millones de personas entre 1960 y 1973

3.- Emigrantes españoles en el mundo a 01.01.2024
- Argentina   482.176 españoles
- Francia   310.072   "
- EEUU   206.278   "
- Reino Unido   189.779   "
- Alemania   188.250   "
- México   141.000   "
- Otros   1,391.094   "
  Total   2,908.649 españoles

84

8.3.7.- El racismo en España

Hace unos días leí una entrevista en El País a la zaragozana Quinndy Akeju, hija de padres nigerianos, que me gustó porque nos mostraba una realidad que a veces no nos gusta admitir y a la que hemos de enfrentarnos.

Copio aquí gran parte de la entrevista a la que añado algunas frases mías: "En España rige la norma "ius sanguinis" (nacionalidad en función del país de origen de los padres, aunque se nazca en España) y no la "ius solis " (mediante la cual, al nacer en un país, éste te considera ciudadano de forma automática, como en EEUU). Quinndy nació en Zaragoza, pero hasta la mayoría de edad no consiguió ser nacionalizada como española.

"Las personas racializadas en una sociedad mayoritariamente blanca crecemos siendo la única negra en el instituto, vas por la calle siendo de las pocas negras, siempre hay ciertas discriminaciones que todos los días te van picando, picando, picando, hasta que te llega al tuétano. Frases como: negra de mierda, vuelve a tu país, tienes color caca, te tiran de la trenza, te miran de forma descarada o con cara de asco, etc. El racismo se hace activamente, sin que muchos blancos le den importancia.

En los colegios faltan no solo protocolos antirracistas, hace falta también un cambio en el currículo didáctico para educar activamente en valores antirraciales. Si el racismo crece activamente, el antirracismo también debe actuar activamente. Si no hay medidas institucionales, si no hay acciones detrás o una educación social detrás, no vamos a ninguna parte.

Como una mujer negra, tu palabra no vale lo mismo que la de tus compañeros de clase porque les parece que no podemos ser inteligentes, tenemos que ser excepcionalmente inteligentes para ser aceptados. No podemos ser mediocres. Tenemos que ser super - excepcionales para ser vistos.

¿De dónde viene este racismo? Un factor muy importante es el colonialismo, porque de allí viene casi todo. El colonialismo inventó el racismo y su primer efecto fue la deshumanización. Empiezan a decir que somos vagos, que no trabajamos, que vivimos de las pagas, de las ayudas, del estado y que incluso les robamos los puestos de trabajo. Este estereotipo es utilizado por formaciones de la derecha y la extrema derecha.

Las personas racializadas somos todas sospechosas hasta que se demuestre lo contrario. El discurso racista actual ahora es más explícito. Siempre ha habido discurso racista, pero ahora no se cortan porque tienen en VOX un respaldo institucional y en algunos medios también".

También Esteban Ibarra en su artículo "La sempiterma lacra del racismo" nos recuerda: "La xenofobia existe. Es una actitud y conducta de rechazo, desprecio y falta de respeto hacia personas extranjeras o percibidas como tales, que sufren hostilidad, odio, segregación, marginación, privación de derechos, discriminación e incluso amenazas y violencia.

El rechazo de la igualdad de trato, empleo, sanidad, educación, vivienda o atención asistencial se constata y evidencia en situaciones discriminatorias de la vida cotidiana. A ello se añade el hostigamiento hacia los inmigrantes que impulsan grupos xenófobos en internet y redes sociales o en las calles, con consignas tipo "stop a la invasión" o "nos quitan el trabajo" o acusando a los inmigrantes de delincuentes".

¿Ha habido algún político español que nos ha recordado que hay 2.908.649 españoles emigrantes en el mundo, es decir, fuera de España?

No, ninguno.

¿Ha habido algún político español que nos haya recordado a los 6.500.000 españoles censados como emigrantes no hace tanto tiempo y a otros tantos en otras épocas de nuestra historia?

No, ninguno.

¿No son estos argumentos suficientes para cambiar nuestra actitud general y nuestra preocupada mirada hacia los inmigrantes?

¿No fuimos recibidos en Europa y América siempre con las manos abiertas?

¿No tenemos todos y cada uno de nosotros algún pariente, cercano o lejano, que emigró?

Reflexionemos sobre nuestro propio egoísmo. Una encuesta de 40dB nos dice que el servicio peor gestionado por el gobierno español fue la inmigración (41% de las respuestas), por delante de la inflación (40%) y de la economía (39%). El hipotético conflicto entre inmigrantes y nacidos en España fue el segundo que más entrevistados califica como "fuerte" o "muy fuerte" (66%), solo por detrás del choque entre empresarios y trabajadores (67%) y por delante de pobres y ricos (60%), hombres y mujeres (52%) o jóvenes y adultos (47%).

¿Qué tipo de conflicto cree Ud. que existe en estos momentos en países como España…? Porcentaje de encuestados que elige cada opción:

	Muy fuerte	Fuerte	NS/NC	No muy fuerte	No hay
Inmigrantes y nacidos fuera	31%	35%		23%	9%
Empresarios y trabajadores	28%	39%		21%	9%
Agricultores y gente de la ciudad	25%	32%		22%	19%
Pobres y ricos	18%	42%		24%	14%
Hombres y mujeres	17%	35%		31%	15%
Parados y empleados	16%	29%		27%	24%
Clase obrera y clase media	9%	30%		34%	24%
Jóvenes y adultos	15%	32%		32%	19%

Podemos analizar otras encuestas:

Una encuesta sobre la inmigración de la Cadena SER publicada en El País en octubre 2024 evidenciaba que la inmigración es una de las principales preocupaciones de los encuestados, ya que el 41% de los encuestados afirmaba tener mucha inquietud por este asunto.

La misma encuesta realizada con los jóvenes de la generación Z, entre 18 y 27 años nos daba los siguientes resultados:

El 44% de las mujeres y el 61% de los hombres dice que la inmigración hace aumentar la delincuencia.

El 56% de las mujeres y el 75% de los hombres cree que los inmigrantes reciben demasiadas ayudas públicas.

Según la Agencia de Investigación 40dB: Los jóvenes españoles son más conservadores que las chicas:
-   El 52,9% de los chicos votaría a la derecha (el 26,7 a Vox, el 18,1% al PP y el 8% a "Se acabó la fiesta")
-   Solo el 32% de las chicas votaría a la derecha en España.
    Y está sucediendo lo mismo en Inglaterra, Alemania o EEUU.

Las noticias sobre inmigración las recibe por las redes sociales el 52,5% de la generación Z y un 10,3% consume este tipo de información de influencers y youtubers y en estas plataformas, desde que Elon Musk manda en "X", la verificación no se consigue por prestigio, sino pagando y el resultado es que solo se busca alcanzar un gran impacto soltando la mayor burrada que se les ocurre: "celebran crueldades, aplauden delitos, recomiendan tratamientos pseudocientíficos, insultan a las minorías, se ríen de los desfavorecidos... procederes que, por un lado, recibirán aplausos del nuevo "sector malista" que se considera rebelde por ser malote, pero, por otro, también recibirán reprobaciones de personas indignadas que señalen los abusos.

Ahora mismo, las cuentas con simbolito azul de X se dedican a idear meadas fuera de tiesto que puedan indignar al mayor número de personas para poder recolectar la mayor cantidad de dinero mensual. La consecuencia es que muchos jóvenes solo tengan acceso a publicaciones machistas, racistas y cargadas de odio, con una percepción atrofiada de la inmigración, porque solo reciben la información negativa que se vierte en X, en canales racistas de Telegram o de los falsos gurús de TikTok.

Y los jóvenes no tienen acceso a diferentes puntos de vista.

8.3.8.- La inmigración: 1ª preocupación de los españoles

En la página editorial de El País del 22.09.24 se nos recuerda un hecho lamentable: La inmigración se ha convertido la primera preocupación de los españoles, pero no porque nos hayamos vuelto más sensibles a los problemas de los inmigrantes que vienen a trabajar desde países en situación de extrema pobreza o de conflictos armados, sino porque los políticos de derechas españoles han conseguido meternos el miedo en el cuerpo ante la invasión exterior.

El número de españoles preocupados por el daño o perjuicios que pueden ocasionar a la sociedad española los inmigrantes ha pasado del 11,2% en el barómetro de junio al 30,4%en el mes de septiembre de 2024.

¿Por qué?

El único elemento diferencial entre junio y septiembre de 2024 es la centralización que ha tomado esta cuestión desde que el PP ha decidido plantar cara a VOX a través de la peligrosa estrategia de situar la inmigración en el centro del debate político, y hacerlo en unos términos siempre conflictivos. Ojalá sirviera para frenar a los ultras, pero de momento solo ha conseguido que la sobreocupación de los servicios de acogida de Canarias haya creado un estado de alarma cuando en nada incide en la vida cotidiana de los españoles.

El PP ha pasado de votar en abril a favor de una iniciativa legislativa popular para regularizar a cientos de miles de inmigrantes a rechazar en julio la reforma de la ley de extranjería para el reparto obligatorio de menores no acompañados. El giro ha culminado con la visita de Núñez Feijoo a Giorgia Meloni y el elogio de sus duras políticas migratorias.

La gran mentira informativa de VOX desde el inicio y del PP desde este verano de 2024 es que señalan los cayucos repletos, cuando la mayor parte de los inmigrantes irregulares llegan por los aeropuertos; se ve a los manteros y a los que recogen chatarra, pero no a muchos extranjeros que trabajan en el campo sin los cuales no habría cosechas, en la construcción y en los servicios ni a los cientos de miles de mujeres inmigrantes que se ocupan de las tareas del hogar o del cuidado de ancianos y personas dependientes.

Tampoco se dignan recordar a los tres millones de españoles que partieron como emigrantes y que a uno de enero de 2024 siguen en los países de acogida como tales.

O a los miles de españoles con origen en la inmigración que en el siglo XXI forman parte normalizada e imprescindible de nuestro sistema productivo, nuestra cultura y nuestra idiosincrasia nacional.

Como muestran los datos del apartado (8.3.1) la cifra aproximada de inmigrantes africanos en pateras desde 2001 hasta 2023 ascendió a 489.440 personas, es decir, a una media de 21.280 inmigrantes al año, mientras que el total de inmigrantes en esos mismos 23 años fue de unos 13,133.000 personas, lo que supone que solo el 3,73% llegaron por el mar, mientras que casi todos los demás llegaron en avión.

Los inmigrantes perciben ya un aumento de la hostilidad hacia ellos. Se alimenta el miedo al otro, se genera desconfianza entre los pobres y hacia los más pobres y orienta la política hacia respuestas autoritarias.

En Europa y en España vamos a necesitar mucha inmigración. Lo que tenemos que discutir es la forma de gestionarla, con políticas de integración y de lucha contra la desigualdad social. Hablar menos de identidad y más de derechos humanos, de calidad y dotación de los servicios públicos y de redistribución de la riqueza.

Y evitar la hipocresía más horrenda para conseguir votos, aunque ello perjudique a las empresas que necesitan más mano de obra y sobre todo a los inmigrantes quienes lo único que hacen es "copiar fielmente" los movimientos migratorios que nuestros padres y abuelos se vieron obligados a hacer hace no tantos años.

8.3.9.- La inmigración en Euskadi

En un año han llegado más de 25.000 inmigrantes: más del 50% de Latinoamérica, un 14% del Magreb, otro 20% de Europa. Etc.

En el resto de España el porcentaje de extranjeros supera en 4 puntos al de Euzkadi porque es más fácil insertarse en servicios, turismo, hostelería, agricultura, etc.

Según Julia Shersheneva, doctora de la Universidad del País Vasco y estudiosa de la inmigración, en Euskadi hay más simpatía con los colectivos que más se parecen a los vascos y más rechazo con los más diferentes. Al islam se le sigue viendo como algo desconocido para la sociedad vasca. El aumento de las denuncias se debe en gran parte a que la gente conoce mejor sus derechos, no al aumento del odio sino a que se detecta más.

Sin embargo, los microrracismos hacen daño a la convivencia (cambiar de acera, no querer sentarte al lado de alguien, desviar la mirada, .etc.). Cuando hablamos de integración debemos hablar de interculturalidad, de contacto, de una relación normalizada. Este es el reto. En Francia lo han hecho mal y el problema se ha enquistado y ha habido problemas y conflictos. En Euskadi la inmigración es un fenómeno nuevo y tenemos tiempo para aprender.

8.3.10.- Actitud positiva del Gobierno Español

Conforme a lo publicado el día 21.10.2024 en El País, el Gobierno de Sánchez está a punto de aprobar por vía de Decreto un nuevo Reglamento de Extranjería que está siendo estudiado por el Ministerio de Migraciones de España y que facilitará trámites a 6,5 millones de inmigrantes que ya viven en España y a otros muchos que planean venir a trabajar. Es una nueva vía transitoria para sacar de la clandestinidad a millones de inmigrantes.

Los principales cambios del nuevo borrador:

Figura actual	Nueva figura	Cambio principal
Arraigo para la formación	Arraigo socioformativo	Permitirá a quienes lo obtengan trabajar hasta 30 horas semanales
Arraigo social	Arraigo social	Se reduce el plazo de tres a dos años de permanencia irregular en España para pedirlo
Arraigo laboral	Arraigo sociolaboral	En cuanto a los contratos de trabajo requeridos, el requisito será presentar uno o varios que garanticen al menos una jornada semanal de 20 horas

Arraigo familiar	Arraigo familiar	Se limita a ser padre, madre o tutor de un menor o que preste apoyo a alguien con discapacidad que sea nacional de otros Estados miembros de la UE. El resto de casos se regularán en el estatuto de familiar de personas con nacionalidad española
	Arraigo de segunda oportunidad	Podrán acogerse las personas que tuvieron una autorización de residencia en el pasado y que por alguna razón no pudieron renovarla.
	Extranjeros con estudios en España	Se les facilitará una autorización de residencia y trabajo, siempre que cuentes con un contrato laboral en un sector que corresponda a sus estudios en España
	Visados para búsqueda de empleo	Figura disponible para hijos y nietos de españoles de origen o para determinadas ocupaciones y territorios con vigencia para un año (antes tres meses)
	Solicitantes de asilo	Nueva vía transitoria a los que se les haya denegado la protección y estén irregulares en España: residencia por arraigo con seis meses de permanencia irregular.

Podemos afirmar con orgullo que todavía tenemos un Gobierno en España que, en desacuerdo con la mayoría de los demás gobiernos europeos, plantea el inmenso problema de la inmigración, de los millones de personas que necesitan emigrar para sobrevivir, como un problema que también es nuestro, de quienes como personas humanas debemos participar, siguiendo el admirable consejo de Confucio:

"Haz por los demás lo que quisieras que ellos hicieran por ti"

Simplemente debemos ponernos en el pellejo del otro, debemos pasar al otro lado e intentar comprender que todos somos seres humanos iguales en obligaciones e iguales en derechos.

"Iguales en lo diferente, somos uno"

8.4.- EEUU

8.4.1.- ¿Cómo nació EEUU?

Los peregrinos del May Flowers eran refugiados que huían de la persecución de la monarquía inglesa, es decir, eran exactamente la clase de gente a la que Trump y compañía quieren prohibirles la entrada.

Es más, el retrato tradicional de la primera Acción de Gracias es un momento de tolerancia racial y multiculturalismo: inmigrantes europeos compartiendo un festín con nativos americanos.

8.4.2.- EEUU en el siglo XIX

Noha Gordon en su novela "Chaman" expone: "Los nacidos en ese siglo en Estados Unidos odiaban a los irlandeses, a los chinos, a los italianos y a Dios sabe quién más por haber llegado demasiado tarde a Norteamérica, también odiaban a los franceses y también a los mormones por una cuestión de principios. Y odiaban a los indios por haber llegado demasiado pronto a Norteamérica. ¿A quién demonios querían? Se querían a sí mismos. creyéndose perfectos, por haber tenido la sensatez de haber llegado a Norteamérica en el momento adecuado.

Los protestantes nativos aborrecían y oprimían a católicos e inmigrantes y los católicos e inmigrantes despreciaban y asesinaban a los negros, como si cada grupo viviera de su odio y necesitara el alimento que proporcionaba el tuétano de alguien más débil.

En el siglo XIX en EEUU los partidos políticos alababan a los nacidos allí por ser sus votantes y criticaban a los "sucios e ignorantes inmigrantes alemanes e irlandeses", cuya vida se consideraba una mercancía barata.

8.4.3.- Trump y los inmigrantes

Paul Krugman nos recuerda que los antiguos eslóganes de Trump han consistido en falsas afirmaciones como que estamos experimentando una oleada de crímenes perpetrados por inmigrantes. Ahora los ha permutado, teniendo en cuentas falsas estadísticas, por el siguiente eslogan: los inmigrantes están robando puestos de trabajo estadounidenses y en concreto los de los trabajadores negros. Lo novedoso es el intento de enfrentar a los negros con los inmigrantes.

Dijo Trump: "el 107% de los puestos creados en los años de presidencia de Biden están ocupados por inmigrantes ilegales". Totalmente falso. Trump añadió: "los inmigrantes están usurpando empleos negros". La realidad es que el paro entre los trabajadores negros está en mínimos históricos y sus ingresos, ajustados con la inflación, son considerablemente más altos de lo que eran hacia el final del mandato de Trump, según Krugman.

El expresidente Trump también ha declarado que los inmigrantes están envenenando la sangre de EEUU y ha prometido construir enormes campamentos para concentrar a todos los inmigrantes y deportarlos a millones. Trump dice: volver a hacer grande EEUU. Y Paul Krugman le responde: "EEUU no necesita que volvamos a hacerlo grande, porque ya lo es. Pero si se quisiera destruir esa grandeza, las dos cosas más importantes que tendríamos que hacer sería rechazar su compromiso con la libertad y cerrar las puertas a las personas que buscan una vida mejor. Por desgracia, TRUMP parece decidido a hacer ambas cosas si vuelve a ser presidente".

Según Ken Follet en su novela "El umbral de la eternidad", los blancos de la clase trabajadora de Estados Unidos son mayoritariamente racistas. Pero es evidente que en EEUU puede ser necesario mantener la inmigración a gran escala, aunque no sea más que para engrosar un ejército de trabajadores jóvenes capaces de mantener a los jubilados norteamericanos.

8.4.4.- Los latinos en EEUU

Es un hecho que en consideración social los latinos apenas están por encima de los negros y que la sociedad de Estados Unidos es una sociedad racista y clasista, en la que sólo se respeta al mejor o a quien más dinero es capaz de ganar. Si eres millonario, nadie te preguntará por tu origen.

Según John Nieto Philips: "Los trabajadores inmigrantes en EEUU aportan un conjunto de cualificaciones diferentes a las de los nativos, incluso cuando esos trabajadores tienen similares niveles educativos".

En EEUU ha surgido un movimiento protofascista, como los llamados Proud Boys y entre ellos hay muchos latinos, que promueven un profundo rechazo al migrante. Hay muchos hijos de inmigrantes que habiendo nacido en EEUU desarrollan una política (para conservar su posición) de rechazo a los "espaldas mojadas". Se sienten amenazados por los nuevos. Los latinos sin título universitario tienden a votar a los republicanos y los titulados a los demócratas. Además, muchos millones de latinos no se registran para poder votar.

Otro fenómeno interesante es que cada vez más población latina se identifica a sí misma como blanca. Quieren ser tratados como blancos, aunque no sean percibidos como tales. Esto también podría inducirles a adoptar posiciones conservadoras.

8.4.5.- Biden y los inmigrantes

En Junio de 2024 Joe Biden aprobó una orden ejecutiva que permite a las autoridades no procesar las solicitudes de asilo y expulsar a los migrantes cuando se haya sobrepasado un cierto umbral diario. Es un síntoma claro de la evolución mundial hacia el rechazo masivo de los inmigrantes y a su consideración como culpables de los problemas internos de los países.

En el mejor de los supuestos, debemos considerarlo como una medida electoralista defensiva contra la agresividad de Trump en esta materia y para defender a Kamala Harris de la actual percepción social de los peligros de la inmigración.

8.4.6.- Síntomas claros de racismo en EEUU

Joseph Losavio nos lo recuerda en su artículo "Lo que el racismo nos cuesta a todos" publicado en Internet: "El racismo invadió Estados Unidos desde su fundación. El racismo sistémico sigue siendo un lastre para EEUU y sigue muy arraigado en su policía local; los afro - estadounidenses tienen el doble de probabilidades que los blancos de morir a manos de la policía estando desarmados".

El racismo también está muy extendido en el ámbito de la medicina en Estados Unidos: según la Academia Nacional de Ciencias de los EEUU, en 2016 constató que el 29% de los estudiantes blancos estadounidenses de primer año de medicina pensaba que la sangre de los negros coagulaba con mayor rapidez que el de las personas blancas y el 21% creía que los sistemas inmunitarios de los negros eran más fuertes.

Esta confusión suele conllevar una asistencia preventiva inadecuada y un nivel de tratamiento inferior lo que da lugar a peores resultados sanitarios. Este tipo de ideas médicas racistas hace que las mujeres negras tengan una probabilidad un tercio mayor que las blancas de morir de cardiopatía.

También se detecta el racismo en la Administración Federal de la Vivienda (USA) que prohibía asegurar las hipotecas para compra de vivienda en los barrios de población negra, una de las vías más comunes de acumulación de riqueza, incrementando la persistente brecha de riqueza entre blancos y negros.

Según el Informe de McKinsey de 2019, la riqueza de una familia negra promedio es 10 veces inferior a la riqueza de una familia blanca promedio.

8.5.- China

Varios incidentes racistas en China contra inmigrantes africanos ponen en peligro la lucrativa relación comercial y de inversión entre China y África. Se trata de otra negación de discriminación, sobre la que las autoridades chinas afirman que existe tolerancia cero.

El analista Zigor Aldama en su artículo de El País (20.10.24) "El sueño americano también es chino" me ha sorprendido al exponer que el año 2023 nada menos que 37.000 ciudadanos chinos fueron detenidos en la frontera sur de EEUU intentando entrar en el país de forma clandestina. Fueron la nacionalidad no americana más numerosa y en el primer trimestre de 2024 su número se ha disparado a 24.214 chinos. A eso hay que sumar el millar largo que cruza cada mes la frontera norte de Canadá y me queda la duda sobre cuántos serán los que lo consiguen y no aparecen en las estadísticas oficiales. Otras entradas de chinos en EEU se llevan a cabo a través de visados de estudiante y de trabajo.

La ruta china más utilizada es en avión hasta Ecuador (aquí no les exigen visado de entrada), de donde por tierra o cielo pasan a Colombia. Desde aquí pasan por tierra hasta la frontera entre EEUU y México.

La pregunta es: ¿Por qué sucede esto en China si su economía va tan bien como su gobierno afirma? En China, como en todas partes, no es oro todo lo que reluce. La profesora Meredith Oyen dice estar sorprendida por la velocidad de crecimiento de los números de emigrantes chinos y afirma que es el resultado de varios factores:

1.- La ralentización de crecimiento de la economía china

2.- El endurecimiento del control político del gobierno de Xi

3.- La facilidad para acceder a la información por Internet

4.- La ruina de muchos autónomos y pequeños empresarios por la política del "covid cero" que China impuso durante la pandemia.

En la actualidad se estima que hay 10,7 millones de chinos residiendo en el extranjero y que esa cifra llega a los 60 millones si se cuentan sus descendientes nacidos en el extranjero y los nacionalizados en otros países.

8.6.- Alemania

A finales de agosto Olaf Scholz anunció nuevas vueltas de tuerca en la política migratoria y decidió activar deportaciones de migrantes convictos a Afganistán. El líder de CDU reclamó nada menos que el cese completo de la concesión de asilo a sirios y afganos, cuando solo hace 10 años Ángela Merkel abrió sus puertas a un millón de refugiados sirios. Es lo que Scholz calificó como "cambio de época".

Como nos lo expone Fernando Vallespín en su artículo "¿Ha ganado ya la extrema derecha?", la causa del éxito de la AfD (Alternativa para Alemania, partido de extrema derecha) es su dura postura contra la inmigración y esta razón gana por goleada sobre todas las demás. Las declaraciones de contenido racista o semi-exculpatorias del pasado nazi emitidas por algunos miembros de la AfD tocan una fibra muy sensible. Lo que parecía ya superado, puede estar reavivándose.

Se asocian las solicitudes de asilo, el atentado de Solingen y una sensación general de inseguridad derivada de la entrada de un gran número de inmigrantes los últimos años. Una amplísima mayoría de ciudadanos considera que hay un exceso de inmigrantes y asilados.

Lo mismo ocurre en todo Europa. En Alemania la coalición gobernante ha buscado erigir un cortafuegos con un mayor control de fronteras (Schengen pende ahora mismo de un hilo) , con devoluciones en caliente de presuntos refugiados al país europeo de entrada y otras medidas. Fue una decisión unilateral de Scholz.

¿Cómo compaginar los principios en los que afirmamos creer con el impulso por apaciguar los miedos que suscita la inmigración? Esta es la gran pregunta a la que estamos obligados a encontrar respuesta. Por ahora, sin embargo, no se piensa, solo se reacciona.

8.7.- Canada

En los 80 Pierre Trudeau convirtió al país en una referencia por los altos estándares de protección a los refugiados y la eficaz integración de los inmigrantes económicos, cuya importancia en el desarrollo de una sociedad próspera e innovadora se reconoció sin ambages.

Hace unos días su hijo Justin anunció una significativa marcha atrás en este sistema con el anuncio de reducir el cupo de permisos de residencia permanente y el de trabajadores temporales.

8.8.- Brasil

Para la mente de muchos brasileños no existe racismo en Brasil, donde los brasileños con ascendencia africana son el 50% de la población.

Sin embargo, los brasileños negros tienen un nivel educativo mucho peor. Por ejemplo, en 2012 menos del 13% de los afrobrasileños mayores de 16 años habían recibido educación postsecundaria, un nivel 15 puntos inferiores al de los blancos.

En 2018 el 75% de las personas muertas a manos de la policía (6.220 personas) fueron negras, a pesar de que solo son el 50% de la población. El ingreso promedio de los trabajadores blanco es un 74% mayor que el de los negros y mulatos. Incluso con el mismo nivel educativo el ingreso medio de los negros es sólo del 70% del de los blancos y entre las mujeres sólo del 41%.

La migración imprescindible

Objetivo: integración en la sociedad

9.1.- La sociedad deseada

Joseph Girzone en su obra "Joshua" nos comenta: "Sólo una mente abierta es capaz de desarrollar las actitudes necesarias para la paz, desprendiéndose de la mezquindad y de los prejuicios heredados e incluso consagrados por la tradición. Sólo aceptando a otros pueblos como nuestros iguales se puede esperar a ser aceptado por el resto de la humanidad. Sólo se puede recibir amor cuando se ha dado".

Y Amin Maalouf en su obra "El desajuste del mundo" añade: "Respetar a un hombre o una mujer consiste simplemente en tratarle como un ser humano sin restricciones, como a un ser libre y adulto. Occidente debe restaurar su credibilidad ética siendo fiel a sus propios valores, respetuoso con la democracia y con los derechos humanos, atento a la equidad, a la libertad individual y el laicismo".

Julia Navarro nos añade en su obra "La sangre se los inocentes: "No me importa de dónde soy o de dónde son los otros. Me importa dónde estoy bien y con quién estoy, me importa la dignidad humana, la justicia y la paz. De dónde es uno es algo que no se elige. Lo importante es lo que somos capaces de llegar a ser como personas, no dónde hemos nacido. No me puedo permitir que el hecho de haber nacido en un lugar me determine como persona".

Son ideas claras sobre el contenido de este ensayo, sobre el fin que quiero conseguir, que no es otro que llegar a entender que todos los seres humanos debemos respetarnos y ayudarnos para llegar a ser seres libres y adultos, para que nadie pueda condicionar ni limitar nuestros ámbitos de decisión. Ello solo será posible si en primer lugar comprendemos que la forma de educar a nuestros hijos y nietos debe ser diferente, que debemos convertirlos en ciudadanos responsables y conscientes de que "el otro" es "otro yo", es como yo con los mismos problemas, necesidades e ilusiones que yo, con los mismos derechos y obligaciones.

Entender al "otro" supone ponernos en su piel y a él en la nuestra, siguiendo la recomendación de Confucio:

"Haz por los demás lo que quisieras que ellos hicieran por ti".

9.2.- Objetivo: integración en la sociedad

Como bien nos lo expone Manuel Pimentel en su novela "Monteluz": "Integrar es conseguir que participen en la sociedad, con sus derechos y deberes, como cualquier ciudadano, pero respetando sus costumbres, siempre que no entren en colisión con nuestras leyes. El único baremo objetivo de la integración es el cumplimiento de las leyes".

Como también nos lo recuerda Amín Maalouf en su obra "Identidades asesinas": "Se debería convencer a todo el mundo a que asumiera su propia diversidad, a que atendiera su identidad como la suma de sus diversas pertenencias, en vez de confundirla con una sola, erigida como dominante o suprema. Es necesario que los inmigrantes y sus descendientes puedan asumir, sin demasiados desgarros, esa doble pertenencia, que puedan mantener su apego a su cultura de origen, no sentirse obligados a disimularla como si fuera una enfermedad vergonzante, y abrirse en paralelo a la cultura del país de acogida".

9.3.- Multiculturalismo & sociedad multiétnica

9.3.1.- Sobre el etnocentrismo

La palabra etnocentrismo define una tendencia emocional que hace de la cultura propia el criterio exclusivo para interpretar los comportamientos de otros grupos, etnias o sociedades. El etnocentrismo sigue siendo un elemento crucial para entender las desigualdades entre los grupos humanos y más aún porque el racismo ha determinado y profundizado dichas desigualdades.

El etnocentrismo separa y clasifica a las demás etnias y sociedades con criterios propios, sin ponerse en el lugar del otro. Se tiende a resaltar las diferencias y a interpretarlas como elementos de superioridad o inferioridad de unos sobre otros.

Los europeos y occidentales por nuestro lado y también los chinos y otras culturas por el suyo, hemos sido, por interés de los poderosos de turno, inducidos a considerar que nuestra raza o etnia era superior a las demás por el simple hecho de tener un nivel cultural o armamentístico superior en una determinada época de la historia.

No podemos pensar que las naciones y los estados hayan sido creados o divididos por el pueblo. La cruda realidad es que son simple efecto de las fuerzas que el poderoso de turno ha podido tener y utilizar en épocas anteriores con el ánimo de poseer más y más. Toda nuestra historia está llena de guerras entre ellos para quitarse unos a otros bienes, riquezas y posesiones territoriales, sin jamás pensar en sus consecuencias para el pueblo.

Y el etnocentrismo ha sido un arma más de las utilizadas para dividir al pueblo y para enfrentar a los pueblos y a las personas siempre en beneficio de unos pocos.

Es un enorme paso el de reconocer y distinguir entre el racismo y el "miedo al diferente", una reacción normal del ser humano que lleva miles de años en guerra con casi todos los demás seres humanos y al que se le ha enseñado desde niño que "el diferente es peligroso". La cultura y la formación deben orientarse al principio fundamental de que todos somos iguales y no hay más diferencia entre unos y otros que aspectos insignificantes de la piel, motivados por el clima y los demasiados años de separación entre unos y otros.

El etnocentrismo es el enemigo a batir. El conocimiento del otro se inicia por el reconocimiento de que somos iguales en derechos y obligaciones y dignos de ser respetados como tales.

9.3.2.- Sobre el multiculturalismo

El concepto "multiculturalismo" apareció en 1971 en Canadá y se definió como el reconocimiento y la promoción del pluralismo cultural. En términos concretos este paradigma se instaura en el seno de los Estados liberales para crear marcos legales que otorgan derechos específicos a grupos cultural o identitariamente diferenciados.

Toda sociedad aboca a sintetizar las diversas culturas que en ella influyen y también las distintas formas de ver la vida que terminan influyéndose y enriqueciéndose mutuamente, pero no sustituyéndose salvo que se obligue por la Ley de la Fuerza tras una guerra o una invasión.

Quienes migran de un país arrastran su cultura y se encuentran con otra cultura diferente en el país de acogida, a la que deben respetar y a la que no pueden pretender sustituir.

Por ello, los inmigrantes musulmanes no pueden exigir que nuestra cultura europea occidental les permita seguir dentro de Europa con sus costumbres sociales ancestrales, cuando sean contrarias a nuestras leyes. Su forma de entender la vida y su cultura irán influyendo en la nuestra, pero nunca podemos aceptar que la cambien, sino que, en todo caso, la enriquezcan (y viceversa).

El primer concepto que deben entender quienes se asientan o pretenden asentarse en una nueva sociedad con cultura realmente diferenciada es que no pueden exigir que las normas sociales vigentes en ella deban ser modificadas para adaptarse a los nuevos residentes, sino que, en todo caso, deben ser aceptadas por ellos.

Pero ¡Cuidado!

Para que ello sea posible, es imprescindible que toda fe religiosa sea siempre personal y no social, para que sus fieles se puedan integrar en cualquier cultura que en el mundo haya. Ello exige un esfuerzo mutuo tanto de la sociedad receptora como de los inmigrantes con diferentes culturas, costumbres o religión.

Debemos disociar radicalmente las normas sociales y culturales de las normas religiosas. Las normas sociales y culturales deben ser absolutamente laicas y las normas religiosas deben ser absolutamente personales. Las normas religiosas nunca deben generar diferencias sociales y culturales, de forma que se haga de esta forma posible la integración de todas las religiones en cualquier país y cultura.

Por ello, las sociedades multiétnicas no deberían tener dificultad alguna en el siglo XXI si todos cumplimos estas mínimas normas y nos respetamos mutuamente. Nuestros hijos y nietos van a vivir, en todo caso, en sociedades multiétnicas, multiculturales y multireligiosas. Hagamos posible con el respeto a la dignidad de cada persona que la convivencia, la amistad y el apoyo mutuo sea posible.

Como nos lo aconseja Esteban Ibarra, nuestra respuesta ante el emigrante debe ser siempre la misma: contemplar la inclusión y la política de integración intercultural y religiosa como proceso bidireccional basado en el esfuerzo mutuo, que ha de garantizar la igualdad de trato mediante la humanización de los procesos migratorios y los valores democráticos, junto al respeto y aprecio de la diversidad cultural y religiosa.

Esta política debe construirse desde el pilar de la garantía por el Estado de los derechos fundamentales para todos y con la argamasa de una tolerancia solidaria que salvaguarde la dignidad humana.

El conocimiento de las otras culturas debe servir para enriquecernos, para aprender de los demás y comprender a los demás, para respetarlos y llegar a la empatía con quienes son diferentes solo en las formas, pero no en el fondo. Cuando lleguemos a admitir con naturalidad que sus aspiraciones de mejora para ellos y para sus familias son idénticas a las que nosotros tenemos y queremos para nuestras familias, nuestra visión cambiará y nos satisfará mucho más.

9.3.3.- Sobre el mestizaje como enriquecedor del paisaje

Soy del criterio de que el mestizaje es el único antídoto que existe contra la xenofobia. Nuestra respuesta ante el racismo, como nos lo dice Esteban Ibarra en su artículo "La sempiterna lacra del racismo", debe contemplar la inclusión y la política de integración intercultural como proceso bidireccional basado en el esfuerzo mutuo, que ha de garantizar la igualdad de trato, la humanización de los procesos migratorios y los valores democráticos, junto al respeto y aprecio de la diversidad cultural. Una política que debe construirse desde el pilar de la garantía por el Estado de los derechos fundamentales para todos y con la argamasa de una tolerancia solidaria que salvaguarde la dignidad humana".

La palabra "dignidad" debe presidir todas y cada una de nuestras acciones, todos y cada uno de nuestros pensamientos y ello supone un automatismo claro: el de considerar a todos como iguales y, como respuesta a dicha aceptación, considerar el mestizaje como el mejor e incluso único valor inmutable a tener en cuenta en toda relación entre seres humanos de igual dignidad. El mestizaje es el único antídoto que existe contra la xenofobia y la historia del mundo es la historia de los mestizajes, aunque todavía los poderosos prefieran dividirnos en clases y etnias.

10

¿Cómo combatir el racismo?

10.1.- El ejemplo de Mandela

Empecemos por recordar la frase de Nelson Mandela: "El racismo sólo es ignorancia y el único remedio es la educación".

Estoy plenamente de acuerdo con él y nada tengo que añadir, salvo ayudar en cuanto esté en mis manos para incluir esta asignatura fundamental en la educación de nuestros hijos y nietos desde la más tierna infancia.

10.2.- Sobre el cerebro humano

Como nos lo expone Adela Cortina en una entrevista del periódico "El Correo": "Nuestro cerebro es xenófobo por naturaleza, pero también es reciprocador: yo te doy y tú me das. Y, desde luego, es mucho más inteligente reciprocar que excluir, a mí me parece un paso adelante en la civilización. Eso es el Estado de derecho, eso es la sociedad contractual. Pero claro, todo esto tiene un inconveniente claro, y es que cuando nos parece que alguien no es capaz de devolvernos nada interesante a cambio, entonces lo excluimos".

En muy pocas palabras nos ha explicado la esencia de las Tres Leyes de la Naturaleza Humana: el ser humano está regido por ellas y tiene tendencias y capacidades. Como lo he explicado al hablaros de este tema, tanto las tendencias como las capacidades son innatas al ser humano, pero hay una gran diferencia entre ellas : las tendencias no necesitan estímulo alguno para ponerse en marcha, se activan tan pronto como surge la oportunidad de sacar provecho de cualquier circunstancia, mientras que las capacidades si necesitan ese estímulo, necesitan ser aprendidas, enseñadas y animadas a actuar.

Siempre me remito al consejo de Confucio: "Haz por los demás lo que quisieras que ellos hicieran contigo".

10.3.- La humanidad es una y universal

La humanidad es una, infinita, pero somos nosotros los que hablamos de razas y lo aprovechamos para propiciar la división y la exclusión. Los poderosos de cada época de la humanidad siempre han utilizado el principio: "Divide y vencerás", siempre durante al menos los últimos 12,000 años han influido en el pueblo ignorante para crear e inventar clases y razas entre nosotros con el único objetivo de debilitarnos y de convencernos de que "el otro" es el enemigo ante el que es necesario poner fronteras, que nunca benefician al pueblo, pero sí al poderoso.

Y siguen actuando de la misma forma construyendo murallas cada vez más altas y explicándonos que son para protegernos, cuando lo único que protegen son sus propios intereses.

En nuestra reflexión, incluso antes de empezar a andar, siempre debemos partir de esta idea fundamental: todos los seres humanos somos iguales, todos nacemos con los mismos derechos y deberes, todos debemos respetar la dignidad de cada uno de los demás seres humanos igual que tenemos derecho a que todos y cada uno de ellos respeten la nuestra.

En los siglos XIX y XX, hace muy poco tiempo, les tocó a nuestros padres y abuelos emigrar y gracias a ello nuestra sociedad mejoró. Ahora nos toca a nosotros ayudar a quienes vienen a trabajar porque tienen las mismas carencias y necesidades que nuestros abuelos tuvieron.

No afirmo que haya que abrir las fronteras sin ningún tipo de controles, sino que debemos en primer lugar ponernos en el lugar del inmigrante comprendiendo sus razones y en segundo lugar, aceptando que son necesarios para el futuro de nuestras sociedades, aprender a acogerlos y ser indulgentes con quienes arriesgan sus vidas dejando atrás todo lo que quieren (familia, comunidad, estilo de vida, respeto de los demás...) para enfrentarse a un mundo nuevo que demasiadas veces les rechaza.

También debemos influir en nuestros gobernantes en este mismo sentido, votando solo a quienes sean capaces de reconocer como iguales en derechos y deberes a todos.

10.4.- Sobre la xenofobia

10.4.1.- Sobre el concepto "xenofobia"

La palabra "xenofobia" (xenos significa extranjero y phobos miedo, pavor o terror en griego) es el miedo, pavor o terror al extranjero, lo que muy frecuentemente conduce al rechazo y aún al odio.

La xenofobia existe. Es una actitud y conducta de rechazo, desprecio y falta de respeto hacia personas extranjeras o percibidas como tales, que sufren hostilidad, odio, segregación, marginación, privación de derechos, discriminación e incluso amenazas y violencia.

10.4.2.- Efectos de la xenofobia

El rechazo de la igualdad de trato, empleo, sanidad, educación, vivienda o atención asistencial se constata y evidencia en situaciones discriminatorias de la vida cotidiana. Los grupos xenófobos impulsan en internet y redes sociales o en las calles el hostigamiento hacia los inmigrantes con consignas tipo "stop a la invasión" o "nos quitan el trabajo" o acusándolos de delincuentes.

La xenofobia tiene mucho que ver con la forma en que se construye oficialmente la identidad nacional de un país y la identidad sociocultural de sus ciudadanos. Es decir, cómo los ciudadanos de un país se ven a sí mismos y cómo se distinguen del otro, del extranjero; qué tan similares, diferentes, mejores o peores se perciben frente a las personas nacidas en otros países.

Esta xenofobia muchas veces está fomentada por partidos políticos de extrema derecha, como VOX en España, que pretende mantener la pureza de la raza blanca, y se vuelve mucho más peligrosa cuando partidos conservadores tradicionales, como el Partido Popular (PP), se contagian de ella con el único objetivo de no perder votos.

La xenofobia puede convertirse en un problema social grave que genere discriminación, exclusión y violencia hacia las personas nacidas en otros países. El rechazo puede manifestarse de muchas formas y en diferentes grados, desde los prejuicios expresados en la vida cotidiana hasta limitar el acceso institucional a servicios y derechos, ejercer violencia o llegar al genocidio.

Los discursos xenófobos están siempre relacionados con que los extranjeros llegan a los países a quitar empleo a los nacionales, a utilizar la seguridad social y beneficios que brinda el Estado, así como a poner en riesgo la salud y la seguridad social del país de acogida. Las ideas y discursos sobre quienes somos "nosotros" y quienes "los de fuera" pueden causar mucho daño, porque suelen estar basados en general en estereotipos, prejuicios y estigmas.

10.4.3.- Factores que ocasionan el rechazo de los extranjeros

Conociendo al ser humano, conociendo su historia, conociendo el innato "temor o miedo al diferente" incrustado en nuestra mente desde hace milenios, debemos tener siempre en cuenta que existen factores que influyen constantemente en nosotros, factores a los que debemos considerar como condicionantes que debemos enseñar a dominar bajo el concepto universal de que todos los seres humanos, y todos significa todos, somos descendientes de una sola mujer que nació en África hace quizás dos millones de años, y que, por tanto, todos tenemos los mismos derechos y deberes para con nuestros hermanos y primos, ya que todos los somos.

Bajo este principio universal de igualdad en dignidad de todos los seres humanos, hagamos frente a los factores causantes de rechazo del "otro", para convertirlo en "nuestro":

A.- La apariencia física y el color de la piel, cuanto más oscura peor, ya que se juntan la xenofobia y el racismo.

B.- La clase social: cuanto más baja peor y si es de países marginados peor. Los nacionales tienden a creer que les pueden reemplazar en su trabajo, les robarán o incursionarán más fácilmente en una vida criminal. El rechazo a los pobres se llama "aporofobia" que significa odio o rechazo hacia los pobres.

C.- La condición migratoria: residentes legalizados o indocumentados. Ello condiciona y modifica el trato que el Estado da a los extranjeros.

Son los factores del pobre, ya que si un/a futbolista negro/a famoso/a y, por tanto, rico/a aparece en un vecindario residencial, nadie se queja sino que incluso intentará sacarse una foto con él o ella.

10.5.- Sobre enfrentarnos con el RACISMO

10.5.1.- ¿Por qué es importante reducir los prejuicios raciales y el racismo?
Razones:
- Impiden a la víctima alcanzar su potencial total como ser humano
- Impiden que puedan hacer una contribución completa a la sociedad
- Impiden que la persona o grupo que efectúa acciones racistas se beneficie de las contribuciones potenciales de su víctima, debilitando a la comunidad como un todo.

- Aumentan la probabilidad de venganza presente o futura por parte de la víctima
- Contradicen los ideales en los que están fundadas las democracias modernas
- El racismo es ilegal, en muchos casos.

El prejuicio racista y el racismo se nutren mutuamente.

10.5.2.- Actividades y estrategias para combatir los prejuicios racistas y el racismo

Solo con un ánimo indicativo, quiero aportar ideas y actitudes que debemos adoptar y que considero mínimas y nunca excluyentes si como personas humanas y como sociedad pretendemos avanzar en el entendimiento y el futuro mestizaje:

1.- Informarnos acerca de la comunidad: grupos que viven, incidentes por prejuicios, origen de las relaciones, etc.

2.- Documentar las actividades en la comunidad que reflejen prejuicios racistas y racismo

3.- Invitar a personas a participar en el proceso de planificación

4.- Entender la profundidad del problema

5.- Identificar y entender las clases de políticas que se puede necesitar afrontar

6.- Determinar las metas a corto y largo plazo

7.- Despertar conciencia ciudadana

8.- Considerar qué recursos existentes se pueden aprovechar (por ejemplo, capacitación anti-racismo, financiación del ayuntamiento, formación desde la infancia, etc,)

9.- Verificar las estrategias para abordar los prejuicios racistas.

10.5.3.- Acciones que se pueden tomar en el lugar de trabajo

Por parte de los empresarios:

1.- Reclutar y contratar personal de diversas etnias

2.- Reclutar activamente integrantes, ejecutivos y gerentes de diversas culturas y etnicidad

3.- Formar un equipo de trabajo permanente o un comité dedicado a formar un plan para promover la inclusión y la lucha contra el racismo.

4.- Combatir cualquier síntoma o hecho racista o de menosprecio

5.- Igualdad de oportunidades a todos

Por parte de los empleados:

1.- Relación abierta y de apoyo para su integración

2.- Igualdad de trato con todos

10.5.4.- Acciones a tomar en los medios de comunicación

1.- Escribir cartas al editor del periódico local y contactar con TV y radio cuando la cobertura sea negativa o cuando no la haya.

2.- Contactar con los medios y organizar charlas o conferencias

3.- Organizar una coalición de diversas comunidades y grupos de prensa para discutir cómo trabajar con visión a largo plazo.

4.- Presionar a los medios para que contraten personal de diferentes etnias.

10.5.5.- Acciones a tomar en las escuelas

1.- Reconocer festividades y eventos relacionados a la variedad de grupos culturales y étnicos

2.- Formas clubs diversos

3.- Realizar viajes a lugares representativos contra el racismo

4.- Incluir educación anti-racismo en el plan de estudios escolar

5.- Crear una estrategia para cambiar cualquier síntoma racista

6.- Desarrollar procedimientos para tratar actos racistas, etc.

10.5.6.- Acciones a tomar en el vecindario

1.- Formar un comité para recibir a todos los nuevos. Mandarles señales positivas.

2.- Identificar y cambiar las políticas excluyentes

3.- Borrar los grafitis racistas y ayudar a eliminar el vandalismo.

4.- Formar coaliciones con representantes de todos los grupos y etnias para examinar las políticas existentes y determinar lo que se necesita cambiar

5.- Realizar foros y eventos acerca del racismo, etc.

II.- HUMANISMO & UNIVERSALIDAD

11

Iguales en lo diferente, somos uno

11.1.- Definición de "UNIVERSALIDAD" ("SOMOS UNO")

Diógenes el cínico, preguntado de dónde venía, respondió con una sola palabra "Kosmopolites": "Ciudadano del mundo". Diógenes se definió atendiendo a una característica que compartía con todos los demás seres humanos del mundo, hombres y mujeres, griegos y no griegos, libres y esclavos. El cosmopolitismo cínico/estoico nos insta a reconocer la igual e incondicional valía y dignidad de todos los seres humanos. Diógenes nos da también a entender que es posible una política centrada en la humanidad y universalidad que compartimos, más que en las marcas de origen local, el estatus, la clase y el género que nos dividen.

Ya los estoicos acogían el concepto "kosmopolites" aclarando que ser ciudadano del mundo no exige renunciar a la identificación local. Antifonte, en el siglo V antes de Cristo nos lo dijo: "Todos somos lo mismo, respiramos de la misma manera, tenemos la misma voluntad".

Es una idea revolucionaria, el germen de la aspiración más noble del ser humano: la del Universalismo. Pero no seamos ingenuos, el Universalismo no es, ni mucho menos, una visión compartida por todos los seres humanos. Esta tradición humanista es relativamente nueva y está solo en Occidente. Oriente no pertenece a esta tradición.

11.2.- La Ilustración y la Universalidad

Edgard Morín nos habla de la Ilustración y pone en boca de Montaigne la siguiente frase: "Todo hombre es mi compatriota". Y deduce de la misma que a este sabio de la Ilustración se le puede considerar como el primer anticolonialista.

Siento disentir profundamente con mi maestro Morín, aunque solo sea en esa afirmación, ya que no tuvo en cuenta que tanto Montaigne como la mayoría de los Ilustrados de su época consideraban humanos plenos solo a los hombres de raza blanca. Y ello se explica así: En el siglo XVIII desde Voltaire a Adam Smith diseñaron una trayectoria universal desde el estado salvaje hacia la sociedad civil, en la que los pueblos pasaban de una condición casi animal a la plena humanidad, desde el estado salvaje y la barbarie a la humanización.

De esta forma los ilustrados resolvieron la contradicción inherente a su discurso universalista de que todos los hombres son iguales y tienen la misma dignidad. El universalismo de la Ilustración, de la mano de la invención de categorías humanas que justificaban la desigualdad y las diferencias entre unos seres humanos y otros, abrió un espacio para las diversas "razas humanas" y sus propuestas de igualdad fueron destinadas solo para el hombre blanco. Un ejemplo representativo de la "ambivalencia de la Ilustración sería el caso de Thomas Jefferson, defensor de los derechos humanos y propietario de esclavos".

Después de varios cambios de opinión sobre este tema a lo largo de su vida, el filósofo alemán KANT termino clasificando las razas humanas así:

1.- La humanidad existe en su mayor perfección en la raza blanca: los únicos con los talentos necesarios para la "cultura de la civilización" y para producir cambio y progreso.

2.- Los hindúes amarillos poseen una menor cantidad de talento y tienen la posibilidad de ser civilizados, como partícipes solo de una cultura de habilidades y no de una cultura de la ciencia

3.- Los pueblos americanos (rojos) son incapaces de adquirir cultura

4.- Los negros son inferiores y únicamente pueden desarrollar una cultura de esclavos

Seamos realistas, hasta que aprendimos, con el ejemplo de las consecuencias de la Segunda Guerra Mundial, las atrocidades que puede generar el racismo, no llegamos a comprender el concepto de la palabra Universalidad, aunque en el siglo XXI parece que volvemos a tiempos pasados y a clasificar a las personas por categorías.

11.3.- El siglo XX y la Universalidad

Con el presente ensayo pretendo renovar en hombres y mujeres el sentimiento de que todos nosotros, sin excepción alguna y con pleno derecho, somos iguales como ciudadanos del mundo (cosmopolitismo). Hay distintas formas de expresarlo y yo me inclino por las siguientes:

Hay una frase atribuida a J. F. Kennedy que me convence: "Todos habitamos un mismo planeta, respiramos un mismo aire, queremos un futuro para nuestros hijos, y todos somos mortales".

Como nos define José Antonio Jaúregui en su obra ""Aprender a pensar con libertad": "No hay buen salvaje ni buen civilizado, no debemos caer en trampas tan falaces. Sólo existe una sociedad humana/inhumana".

Podemos resumir el concepto "SOMOS UNO" en las palabras que Julia Navarro expresa en su novela "Dispara, yo ya estoy muerto": "Lo único que merece la pena es la igualdad, que ningún hombre sea más que otro hombre. Yo sólo soy un ser humano y abomino de todo lo que nos separa a los hombres".

También Amín Maalouf en su libro "los desorientados" nos lo expone con otras palabras: "Se nace en un planeta, no en un país. Claro, también nací en una ciudad y en un país, pero lo importante, para mí y para todos los seres humanos, es el hecho de haber venido al mundo. Nacer es venir al mundo y no en tal o cual país, o en tal o cual casa."

Como nos lo expone con absoluta claridad John Steinbeck en su excelente obra "Las uvas de la ira": "Todo ser es merecedor de respeto, ya sea blanco o negro, viejo o joven, hombre o mujer y todos debemos asumir la humildad de no aspirar a obligar a los demás a que piensen igual que nosotros".

La pena es que estas afirmaciones sólo son válidas para muy pocas personas, ya que una gran mayoría de la humanidad sigue estando totalmente condicionada y determinada por las circunstancias de su nacimiento. Es como una meta, un sueño o una UTOPÍA a perseguir.

11.4.- El papel de la educación

¿Por qué no inculcar en los niños y jóvenes conceptos como nuestra UTOPÍA, entendida como la "permanente aspiración" a conseguir que todos los seres humanos seamos capaces de comprender que somos únicos e iguales, a pesar de que existan aspectos circunstanciales que aparentemente nos hacen diferentes?

¿Por qué no educar en la utopía confuciana "Haz por los/las demás lo que quisieras que ellos/ellas hicieran por ti"?

¿Por qué no enseñar a las nuevas generaciones la verdadera historia de la humanidad siempre dominada por una ridícula minoría de personas que han sabido controlar y dirigir nuestra tendencias y capacidades innatas hacia su único beneficio y en perjuicio de la inmensa mayoría?

¿Por qué no enseñar a las nuevas generaciones la absoluta contradicción en la que vivimos los seres humanos actualmente?

¿Por qué no mostrarles la realidad actual en la que la inmensa mayoría de los mal llamados "Homo Sapiens" nos seguimos dejando dominar por las tres leyes de la naturaleza y por sus tendencias innatas que han sumido a nuestro cerebro prehistórico y a nuestra historia en un sin fin de calamidades?

¿Por qué no enseñarles cuál es el potencial de nuestras propias capacidades y cómo podríamos vivir si llegamos a controlar estas capacidades innatas que pueden llegar a cambiar la convivencia entre hermanos o primos, como todos somos?

Nos bastaría con definir y enseñar el concepto "SOMOS UNO" para intentar aunar esfuerzos en su consecución. Preta de Sutter, primera persona transgénica nombrada ministra de Bélgica apela porque dejemos de juzgar a las personas por pedazos de su identidad, con estas palabras:

"Dejemos de discriminar a la gente por ser diferente, por sentirse distinta, por tener una piel o una religión diversas. Vivimos en un mundo muy polarizado, potenciado por las redes sociales, en el que todo se convierte en un "nosotros contra ellos". Somos nosotros los europeos contra los migrantes; los creyentes en el orden natural contra los degenerados homosexuales y transgénero; los católicos y cristianos contra el islam; los blancos contra los negros, etc. Paremos ya. Estamos juzgando a las personas por pedazos de su identidad, cuando eso no es quienes realmente son."

Es una llamada de atención, un grito, una manifestación inequívoca de nuestra universalidad, de que todos y cada una de las personas humanas que poblamos la tierra somos diferentes y únicos, pero que al mismo tiempo somos iguales y pertenecemos a una única raza, la raza humana.

Por ello es necesario incluirlo en la educación. Como nos lo expone Patrick Weber en su obra "El palacio del Tíbet: "Mi país natal son todos los países. Ninguno en concreto. Mi familia son todos los seres".

Hace poco tiempo he descubierto a una filósofa americana llamada Martha Nussbaum, y me ha asombrado que su pensamiento y su forma de analizar la sociedad esté tan de acuerdo con los planteamientos de este ensayo. Martha Nussbaum concibe la educación para la ciudadanía mundial o cosmopolita como aquella que sostiene que nuestra principal lealtad debe ser con el común de la humanidad.

Según La interpretación de Virginia Guichot-Reina, la filósofa norteamericana Martha Nussbaum considera como básicas las siguientes capacidades:

- El fomento del pensamiento crítico para llegar a comprender la justicia social y la convivencia pacífica
- La comprensión de las complejidades de otras culturas
- La posibilidad de hablar al menos otro idioma

Y define unas estrategias prácticas mínimas para la ciudadanía mundial:

1.- Estudiar el propio país concibiéndolo como plural y como parte de un mundo interconectado.

2.- Profundizar al menos en una tradición ajena, para aprender a ponernos en el lugar del otro.

3.- Explicar cómo se arma el relato histórico a partir de diferentes fuentes y pruebas, además de capacitarnos para evaluar una narración histórica frente a otra.

¿Por qué no enseñarles todo lo que nuestras capacidades pueden aportar, como:
- Libertad de pensamiento y de conciencia
- Lealtad y respeto
- Tolerancia (contra la intolerancia y la indiferencia)
- Solidaridad y reciprocidad
- Superación de la agresividad estructural, etc.

12

Universalidad & Identidad

12.1.- El concepto de Identidad

Amin Maalouf nos recuerda en su ensayo "Identidades asesinas" los diferentes componentes que utilizamos los seres humanos para reforzar el concepto más negativo de la identidad, valorándolos solamente como la antítesis de la universalidad y de la igualdad entre todos los seres humanos.

Nuestra tarea debe ser la de tratar de comprender por qué tanta gente comete hoy crímenes en nombre de una identidad basada en componentes como la familia, las costumbres y normas sociales, el idioma, la religión, la etnia, las creencias, los valores, las tradiciones o cualesquiera otros.

Los componentes de la identidad tienen diferente jerarquía, que no es inmutable, sino que cambia con el tiempo y puede influir profundamente a una persona. La identidad del adversario muchas veces condiciona y también influye en la propia.

El concepto identidad interpretado así, tal como lo están haciendo en la actualidad todos los grupos populistas, de derechas e izquierdas, genera división, genera malestar, genera solo odios y ánimos de denigración del otro. ¿Esto es lo que necesita el mundo?

Mi meta es tratar de entender de qué manera la mundialización exacerba los comportamientos relacionados con la identidad y mi reflexión parte de una constatación: cuando una sociedad, o mejor dicho los dirigentes de una sociedad, ven en la modernidad "la mano del extranjero" que trata de romper sus propios privilegios ancestrales, tienden a rechazarla y a protegerse de ella.

En todo ser humano siempre hay un inicial rechazo ante "lo diferente" o "lo extranjero" o "lo que rompe con las costumbres y la tradición", por el concepto tribal dominante durante milenios. Pero también hay minorías que se sienten agredidas por la modernidad, en especial, aquellos grupos que consideran que la modernidad les perjudica directa o indirectamente. El ejemplo más evidente es el de "quienes viven de la religión" que sienten amenazadas sus fuentes de vida e ingresos si "sus abnegados creyentes" adquieren en primer lugar "CULTURA con mayúsculas" y en segundo lugar llegan a conocer otras formas de ver y sentir la vida.

Estas fuerzas (políticos y religiosos acostumbrados a controlar exhaustivamente a pueblos ignorantes) pondrán toda la carne en el asador para demonizar la modernidad, la cultura occidental, la democracia, las costumbres paganas…etc. y en fomentar un concepto de IDENTIDAD EXCLUYENTE que intenta revertir la evolución cultural y social hacia el "PASADO GLORIOSO" de su propia cultura y hacia unos conceptos sociales totalmente contrarios y enfrentados con la cultura occidental.

En un mundo en cambio permanente y con unos medios de comunicación cada vez más potentes e incontrolables, lo normal es que las nuevas ideas, diferentes a las tradicionales, se mezclen con ellas para disgusto de quienes se agarran a lo antiguo como propio y a lo nuevo como ajeno.

¿Cómo hacer compatibles el cambio y la tradición?

12.2.- El deseo de identidad

La pantera mata por legítima defensa si se le persigue o se le ataca, pero lo peor es dejarla escapar en la naturaleza después de haberla herido. Pero a la pantera también se le puede domesticar.

Al deseo de identidad no debemos convertirlo en objeto ni de persecución ni de condescendencia, sino que hemos de observarlo, estudiarlo con serenidad, comprenderlo y, después, amansarlo, domesticarlo, porque, de lo contrario, no podremos evitar que el mundo se convierta en una jungla.

La democracia no siempre consigue resolver los llamados "problemas étnicos", pero no se ha demostrado nunca que la dictadura obtenga mejores resultados.

Cuando en una sociedad se instala la identidad como una "verdad obligada" y la "sospecha contra todos los no adeptos a esa verdad", las últimas solidaridades que se mantienen son las más viscerales y cuando se ponen trabas a ciertas libertades políticas, sindicales o académicas, es habitual que surja la violencia.

¿No tenemos un claro ejemplo en el País Vasco, donde el concepto de Universalidad ha quedado olvidado y se han creado grupos tan identificados con ciertos valores, que se han vuelto incapaces de entenderse entre ellos y, lo que es peor, incapaces de entender qué es lo mejor para el país si no cuadra al 100% con sus propias ideas y definiciones?

Mientras el sitio de una persona en una sociedad continúe dependiendo de una pertenencia a esta o a aquella comunidad o identidad, se seguirá perpetuando un sistema perverso que inevitablemente hará más profundas las divisiones.

¿Son compatibles identidad y universalidad?

12.3.- Identidad & universalidad

Kenizé Mourad nos envía un mensaje sorprendente y coherente sobre el concepto de identidad en su novela "Un jardín en Baldapur"

"No depende ni de un apellido, que se puede cambiar, ni de un título que te hayan concedido, ni de un estatus social, ni siquiera de una familia, ni de un país, ni de una religión, ya que las distintas religiones no son sino caminos diferentes hacia una misma REALIDAD. Tampoco de un partido político, que genera con tanta frecuencia tremendas decepciones.

Cuando admitas que todas estas formas de adhesión no son más que muletas que ayudan a vivir, pero también estorban. Cuando consientas que la identidad profunda es simplemente el ser humano abierto al mundo, en unión con lo que nos rodea y aceptes que todos hemos salido de la misma matriz, una etapa entre la piedra y el espíritu, una parcela de infinito, una parte del UNO que hay en cada uno de nosotros, llegarás a comprender que nuestra verdadera, única y común identidad es la de "HOMO SAPIENS". Y que es en la lucha por la justicia y la dignidad donde se forja la humanidad".

Somos "HOMO SAPIENS" italianos, españoles, egipcios, argentinos, congoleños, cubanos, rusos, vascos, chinos o con otro apellido. Nos distinguimos por el apellido, es decir, un adjetivo calificativo superfluo, efímero, innecesario e intercambiable.

Como nos lo expone el escritor mexicano Carlos Fuentes" en su obra "Los años de Laura Díaz": "La identidad se fortalece en una cultura de diferencias". La identidad mexicana es la que nuestro autor mejor conoce y en ella se incluyen los indios aborígenes del país, los españoles y europeos y las personas de cualesquiera otras nacionalidades que emigraron a México. Su afirmación me crea una enorme ilusión porque permite aceptar la utopía de tener al mismo tiempo dos identidades coherentes y coincidentes: la del propio país y la universal.

Nuestro nombre es único, aunque seamos más de ocho mil millones de personas con el mismo nombre. La identidad del Homo Sapiens es universal. Lo que realmente nos diferencia son detalles superfluos, de coloración de piel, ya que los elementos culturales, ya sean religiosos o propios del lugar donde cada uno de nosotros nació son absolutamente compatibles con una identidad universal que respete e incluso apoye las identidades nacionales y regionales que enriquecen sus culturas.

No dejamos de ser vascos y de tener esta cultura y estas tradiciones heredadas por que seamos, al mismo tiempo, universales. No se ataca nuestra identidad porque existan miles de idiomas diferentes y millones de personas que jamás oirán ni siquiera hablar de nosotros. Amamos nuestro idioma, nuestras tradiciones, nuestra tierra y nuestras costumbres y respetamos y hasta podemos llegar a amar otras que conoceremos a lo largo de nuestras vidas.

Somos ricos, muy ricos porque tenemos dos identidades compatibles y enriquecedoras: la heredada como Homo Sapiens y la heredada como hijos de nuestra tierra, siempre que ambas se respeten.

12.4.- Nacionalismo y Universalidad: "SOMOS UNO"

12.4.1.- Todos nacemos en algún lugar

Personalmente me siento vasco y, al mismo tiempo, estoy escribiendo este ensayo en el que afirmo rotundamente "SOMOS UNO", en el sentido más amplio y vinculante de la frase, es decir, que todos los hombres y mujeres somos iguales en derechos y deberes, todos somos acreedores/as del mismo respeto y de la misma dignidad y todos somos descendientes directos/as de la misma abuela y tenemos una única identidad.

Pero también nos hemos acostumbrado y hemos aceptado como propios esos detalles diferenciales procedentes de nuestra adaptación al clima de cada parte del mundo (lengua, costumbres, ropas, color de piel, costumbres, tradiciones...) y hemos comprendido que hayan servido para crear diferencias superficiales que hemos de aprender a valorar en su justa medida y a reconvertir en lo que son: adjetivos calificativos que enriquecen el sustantivo, que es el HOMO SAPIENS, pero que nunca pueden pretender sustituirlo.

El respeto y amor a las costumbres, lengua, folclore, y demás características típicas de una zona determinada del mundo, en la que hemos nacido o en la que nos hemos hecho "hombres o mujeres" o en la que hemos podido rehacer nuestra vida, no es incompatible con el concepto de universalidad, sino todo lo contrario.

Amar lo nuestro y compartirlo con los demás es quizás algo a lo que la humanidad no está acostumbrada, pero en nuestra época de "globalización cultural", ello es necesario e imprescindible.

Todos nacemos en una nación con una cultura, una lengua, una tradición religiosa, y unas costumbres a las que nos adherimos sentimentalmente e incluso racionalmente por el simple hecho de ser las de nuestros padres, nuestros amigos y el entorno social en el que vivimos los primeros años de nuestra vida. Y es la cultura que recibimos y que nos condicionará durante toda nuestra vida.

Y las circunstancias familiares de cada uno también influyen la mayoría de las veces de forma decisoria en nuestro personal concepto de nacionalismo. Pero lo primero que hemos de comprender es que, al igual que nosotros, todos los demás seres humanos tienen esas mismas características, porque todos han nacido en algún lugar.

Y aquí se interrelacionan el concepto nación (llamando así tanto al lugar donde has nacido y te has socializado como también al lugar en el que quieres desarrollar tu proyecto de vida y en el que te integras para conseguirlo, incluso llegando a amarlo como propio) y el concepto universalidad, en el que se integran todas las naciones y lugares sin que ninguno sea ni mejor ni peor, ni superior ni inferior que los demás.

Y según este criterio, se puede ser nacionalista incluso de dos lugares al mismo tiempo, donde se ha nacido y donde uno ha desarrollado su proyecto de vida, sin dejar de ser universalista absoluto. "Iguales en lo diferente: Somos Uno".

Y el principio único y universal es que si queremos que nuestros derechos como nacionalistas sean respetados, debemos empezar por respetar los mismos derechos que todos los seres humanos tienen.

12.4.2.- Nacionalismo contra universalismo

Pero ¡Cuidado! El brutal peligro del concepto "nacionalismo" es que durante toda la historia del ser humano siempre ha habido "personas singulares" que lo han utilizado para enfrentar a los seres humanos, a unos contra otros, usando y abusando del miedo ancestral que desde la prehistoria se nos ha inculcado contra el diferente.

Y en el siglo XXI aún seguimos dominados por esos mismos personajes abusones que con criterios absolutamente egoístas influyen en las mentes de los seres humanos para enfrentarnos a unos contra otros.

Nos lo explica bien Manuel Pimentel en su obra "Monteluz": "Nacionalismos, naciones, razas, religiones, banderas: todo es la misma historia, un grupo de gente que quiere excluir al restante. Cualquier nacionalismo o fundamentalismo desemboca siempre en lo mismo: odio, irracionalidad, muerte. Las naciones no son más que el fruto de acontecimientos históricos: azar, estrategias militares, bodas reales, todo menos esos valores divinos que algunos pretenden dar a la patria, cuestiones de tálamo y alcoba decidieron muchas de las fronteras actuales y no hay que darles más valor del que tienen".

Nunca nos lo contaron así. Pero sí se preocuparon todos quienes dirigieron y controlaron el poder (y los que siguen controlándolo) en todas y cada una de las naciones donde nacemos los hijos del pueblo ignorante la necesidad de defender o agrandar el país, aunque no explicaran que solo y exclusivamente la finalidad de guerras y luchas fuera defender sus haciendas o agrandarlas de forma desmesurada mientras era el pueblo el que moría en las fronteras y en las trincheras.

¡El puñetero gregarismo! ¡La permanente ignorancia!

Durante los últimos 12.000 años se pueden contar con los dedos de la mano los reyes y dictadores (que lo fueron todos hasta la llegada de la democracia en el siglo XVIII a EEUU e Inglaterra, mucho más tarde a otros países y aún ni anunciada en otros muchos) que se preocuparan por la educación del pueblo, cuando ello solo podía suponer que aprendieran a pensar y, por tanto, a generar potenciales problemas.

¡Y no vayamos a creer que en democracia hayamos mejorado demasiado! La educación se ha limitado a enseñar a leer y escribir, pero nunca se enseña a razonar ni a tomar decisiones mediante criterio, ni a dialogar ni a escuchar. Es decir, no se enseña a pensar y a incrementar la capacidad crítica de las personas.

Como nos lo expone Juan Eslava Galán en su obra "Historia del mundo para escépticos": "El nacionalismo es esa ancestral tontería de la que tanta gente improductiva y enredadora vive en nuestros confusos tiempos".

Hasta hace no mucho tiempo, el concepto nación se ligaba exclusivamente con una dinastía más o menos antigua de reyes (a veces también llamados emperadores) que tenía poder absoluto sobre vidas y haciendas de todos quienes vivían en su reino. Así fue prácticamente desde hace unos 12.000 años cuando el hombre y la mujer se hicieron sedentarios y empezaron a vivir en comunidad.

Los reyes inventaron el concepto "patria" para definir su área de influencia y crear una valoración etérea de ella que hiciera imaginar a los incultos de sus súbditos que la patria (o nación) les pertenecía y debían defenderla contra quien osara atacarla. En mi niñez la frase "Dios, patria y rey", aunque estuviéramos bajo la cruel dictadura de Franco, era muy utilizada y repetida para hacernos creer que nos pertenecía y debíamos luchar por ella. Aún en la actualidad se inculca el concepto "patria" en todos los países del mundo y en ninguno de ellos el concepto Universalidad.

Sin embargo, tal como nos lo expone Manuel Pimentel en su novela "Puerta de Indias": "Una nación que está por encima de las personas no merece la pena ser vivida. Ninguna patria merece tanta muerte, ningún pueblo puede cimentarse en la venganza y el dolor. Y las naciones se están convirtiendo en inconvenientes para la armonía mundial. En vez de unir, distancian".

El concepto nación debe ser, según mi criterio, un sistema creativo, corporativo, dirigido por y para el pueblo, una organización que busque no solo lo mejor para quienes son parte de la misma, sino incluso sea absolutamente compatible con el entendimiento de todas las naciones de la tierra en aras de la universalidad y la mejoría permanente de las condiciones de vida de todos.

Es un error pensar que es incompatible ser "ciudadano del mundo" y ser ciudadano europeo, español o vasco, siempre que comprendamos que la solidaridad debe ser el factor básico de convivencia entre todos y la igualdad en derechos y deberes su esencia.

Amemos nuestra tierra, cuidémosla, trabajemos en ella si es posible, pero también abrámosla para que pueda ser una nación acogedora y receptora de otros seres humanos con diferentes culturas y pensamientos, pero capaces de respetar nuestra forma de ser y de vivir la vida y de enriquecerla con lo que ellos nos aporten.

El concepto "nación" nunca debe ser excluyente para los demás seres humanos que quieran integrarse. Si queremos que nuestros hijos y nietos sean aceptados en otros lugares con los brazos abiertos, aprendamos nosotros a hacerlo primero.

Mi maestro Amin Maalouf nos lo expone de una forma excelente en su libro "El desajuste del mundo" al decir: "Es lo que estamos viendo en el momento presente. Hay que converger hacia una civilización común basada en dos principios intangibles e inseparables: la universalidad de los valores esenciales y la diversidad de las expresiones culturales. Respetar una cultura es propiciar la enseñanza de su lengua, favorecer el conocimiento de su literatura, de sus expresiones teatrales, cinematográficas, musicales, artesanales, gastronómicas, pictóricas. Etc."

Humanismo y el sueño de la igualdad

13.1.- El concepto "ser humano" es erróneo

Definimos erróneamente como humanismo el conjunto de capacidades positivas que tenemos por pertenecer al género HOMO SAPIENS. Pero el HOMO SAPIENS, simplemente por serlo, tiene en sus genes unas tendencias innatas al egoísmo, a la agresividad, a la maldad y a la violencia, siempre orientadas a la supervivencia y a intentar superar a los demás e incrementar el poder y la riqueza.

En la palabra "humanismo" debemos incluir tanto las capacidades positivas como esas tendencias negativas innatas de todo ser humano, lo que viene a suponer el aceptar como propias las tres LEYES DE LA NATURALEZA HUMANA y sus consecuencias.

Ser humano no debería tener el sentido de ser "buena persona", como nos ha inducido a pensar la educación cristiana. El concepto "ser humano" es erróneo o equívoco, ya que sirve en su conceptuación más aceptada, como expresión de ser mucho mejor que los animales irracionales, incapaces de compasión o bondad.

Sin embargo, según mi criterio, los animales también son incapaces de sentir odio, ambición, deseo de poder, etc., tendencias innatas del ser humanos que nos han llevado a una historia llena de guerra y barbaridades. Creo que mejor es no compararnos con los animales que solo atacan o matan para defenderse o comer.

13.2.- El concepto "Homo Sapiens" es aún más erróneo

La realidad es que el Homo Sapiens es el animal más cruel, más mentiroso, más agresivo y violento que existe. Sólo él es capaz de odiar y desear el mal a otra persona de su propia especie y todo ello debe estar incluido en la palabra "humanismo".

Pertenecer a la estirpe "HOMO SAPIENS" debe hacernos repensar y reconsiderar roles y prejuicios que se nos han inculcado desde niños. Y lo menos convincente es que se haya puesto el apelativo de "Sapiens" a todos los seres humanos, cuando la inmensa mayoría tan poco capaces somos de utilizar adecuadamente nuestro propio conocimiento o sabiduría. Habría que considerar a esa palabra (sapiens) más como una oportunidad o una capacidad que se puede desarrollar con esfuerzo, que como un hecho en sí.

Habría que distinguir los "Homo Sapiens" (esa minoría que ha conducido la historia de la humanidad con astucia y siempre movida por la codicia y el ansia de poder) de los "Homo Non Sapiens", es decir, la inmensa mayoría dominada, conducida y utilizada como medio para el beneficio de unos pocos. Requiere un esfuerzo de humildad, pero son los hechos los que cuentan la verdad y no las palabras. Y ya en este mismo ensayo he expuesto muchos hechos reales de la naturaleza del ser humano.

13.3.- Aspirar al humanismo

Y forma parte de nuestra UTOPÍA ampliar el concepto "Sapiens" al mayor número de personas, exactamente lo contrario de lo que durante los últimos 12.000 años han hecho los "personajes singulares" que han conducido el rebaño, sirviéndose de su ignorancia y de sus tendencias al gregarismo y a ceder libertad por conseguir algo de seguridad.

El concepto humanismo requiere un análisis amplio y un conocimiento profundo del ser humano, de las tres leyes de la naturaleza humana y de sus tendencias y capacidades. Aspirar al humanismo es sinónimo de aspirar al universalismo, a entender y vivir conforme al concepto "SOMOS UNO". Las tres leyes de la naturaleza humana (la ley de la supervivencia, la ley de la fuerza y la ley de la insatisfacción permanente) siguen en pleno vigor y las debemos tener siempre en cuenta a la hora de hacer afirmaciones y desear obtener resultados a corto, medio y largo plazo.

Y el concepto de "IGUALDAD" no encaja con las tres leyes. Si somos egoístas por naturaleza, si somos más fuertes y si estamos insatisfechos permanentemente y queremos superarnos y superar a los demás, la igualdad no tiene cabida en nuestro "sentido común". La primera interpretación nos induce a pensar que las leyes que creamos a favor de la igualdad van contra "las leyes de la naturaleza humana", es decir, son "antihumanas".

¿Qué podemos hacer?¿Cabe otra interpretación o alternativa a esa afirmación?

Si y está en nosotros encontrarla.

13.4.- Conozcámonos y aprendamos a avanzar

La información y el conocimiento se "vulgarizan", se convierten en alimento de seres humanos ávidos de saber, de buscar caminos hasta hace poco muy poco tiempo cerrados y supuestamente destinados a una minoría de privilegiados. Pero seguimos siendo otra minoría ínfima los que queremos aprender y la inmensa mayoría sigue dejando el timón del barco a los poderosos.

La sociedad no es justa ni llegará nunca a serlo, pero nuestra labor está en buscar aquellos medios que ayuden a reducir en lo posible las desigualdades sociales, incluso limitando algunas libertades de las que hacen un uso desmedido y egoísta unas pocas personas de nuestro sistema social. Deberían ser los gobiernos verdaderamente democráticos, los escogidos por la mayoría y dedicados exclusivamente a favorecer a la mayoría, los que marcasen las pautas de conducta social para avanzar hacia la limitación de las brutales desigualdades actuales.

Lo debemos tener muy claro. El concepto "SOMOS UNO" lo debemos interiorizar para llegar:

En primer lugar, a comprenderlo
En segundo lugar, a respetarlo
En tercer lugar, a aceptarlo como algo intrínseco y
En cuarto lugar, a ponerlo en práctica en nuestra vida diaria.

Porque tenemos capacidades en nuestros propios genes humanos que pueden y deben ser fomentadas, alimentadas y priorizadas para codirigir nuestras propias tendencias innatas, hacia un "egoísmo colectivo" como HOMO SAPIENS que somos.

Amín Maalouf, en su novela "Samarcanda" nos anima a avanzar en este camino: "En cada etapa se llega a alguna parte, a cada paso se puede descubrir una cara oculta de nuestro planeta, basta con mirar, con desear, con creer, con amar." Es hermoso tener esa mirada, intentar crear el futuro con el deseo de mejorarlo y de dejar nuestra sociedad, cuando nos vayamos, un poco mejor que como la encontramos cuando llegamos.

¿Cómo será nuestro próximo futuro?

¿No es mejor que dependa de nosotros?

Hay mucho trabajo por hacer, mucho camino por recorrer y si no damos los primeros pasos, por cortos que sean, nunca llegaremos a esa meta utópica que deseamos.

¡Demos los primeros pasos!

Y es la hora de preguntarnos: ¿Somos los animales racionales capaces de cambiar y de entender y poner en práctica que todos los Homo Sapiens somos iguales, como consta en la actual declaración de los DERECHOS HUMANOS? En mi opinión, los seres humanos estamos poco a poco avanzando hacia principios de tolerancia y de comprensión del diferente porque tenemos capacidad para ello, aunque quede mucho camino por andar. Es increíble que, incluso en nuestro mundo occidental, no seamos aún capaces de respetarnos lo suficiente, es increíble que aún no entienda nuestra sociedad que el "respeto al otro" es lo mismo que "el respeto que yo exijo para mí".

Volvamos a Confucio: "Haz por los/as demás lo que quisieras que ellos/as hicieran por ti".

¿Cuánto camino queda hasta que seamos capaces de entender que todas las personas somos iguales, hombres y mujeres, mujeres y hombres?

No va a ser fácil cambiar, pero tenemos una enorme ventaja: en nuestro mundo lo único permanente es el cambio. Admitir la igualdad de todos los seres humanos es mucho más que "tolerar", es un concepto que debemos llegar a interiorizar, que somos capaces de interiorizar, pero reconociendo que va a ser un camino lleno de obstáculos.

Michael Roes en su obra "Donde empieza el desierto" nos comenta: "El odio y la crueldad con los diferentes son los únicos sentimientos a los que hay que enfrentarse sin tolerancia. Porque, aunque los hombres pertenezcamos a distintas culturas, a todos se nos ha dado el sentido de lo injusto y lo falto de escrúpulos".

La tolerancia supone la no imposición dogmática de credos, el ser capaz de odiar cosas como el racismo, la xenofobia, el dar importancia no solo al triunfo de unos cuantos, sino a la posibilidad de educación y bienestar de todos. Es un canto al ciudadano frente a la tribu, una llamada a la tolerancia.

13.5.- Respeto y Dignidad: "SOMOS UNO"

El concepto de TOLERANCIA no es suficiente. Añadamos los conceptos de RESPETO y DIGNIDAD. Nuestra actual civilización no es exclusiva de nadie, sino que es de todos y, por tanto, no puede regirse con los criterios utilizados en la historia del HOMO SAPIENS. Respetar a un hombre o una mujer consiste simplemente en tratarle como un ser humano sin restricciones, como a seres libres y adultos dignos. La palabra respeto significa nada más ni nada menos que aceptar el concepto de igualdad de todos los HOMO SAPIENS.

Ser complaciente con la tiranía, la opresión, la intolerancia o el sistema de castas, con los matrimonios concertados, la ablación, los crímenes de honor, el sometimiento de las mujeres, la incompetencia, la incuria, el nepotismo, la corrupción, la xenofobia, el racismo, so pretexto de que proceden de una cultura diferente, no es respeto sino desprecio encubierto.

Nada hay más sagrado que el respeto al ser humano y enseñar a los hombres a vivir juntos es una batalla que nunca podremos considerar ganada. Y esto hay que hacerlo en el seno de cada población.

Pero el pensamiento neoliberal ni se plantea esta forma de pensar, ya que supondría pérdida de beneficios. No ha dedicado ni dedicará un euro a esta labor y seguirá siendo complaciente, aunque tantos países no acepten los conceptos de RESPETO y DIGNIDAD. Y lo más triste es que nuestros propios representantes, los políticos siguen por simples razones económicas negociando con los países en los que esas discriminaciones están instituidas y aceptadas como normales.

Javier Gomá en una entrevista de El Correo del 7 de noviembre de 2020 nos comenta que debemos valorar el sentimiento de pertenencia a la misma especie porque solo existe una raza humana y un principio que la sostiene: la dignidad. Todo es secundario frente a lo fundamental: somos una entidad cosmopolita.

Autores consultados y analizados, entre otros

Daron Acemoglu
Así Ahmad Sid Esber (Adonis)
Quinndy Akeju
Zigor Aldama
Antifonte
David B. Barash
Han Byung-Chul
Máximo Cacciari
Noam Chomsky
Confucio

Adela Cortina
Diógenes
Francöis Dubet
David Eagleman
Juan Eslava Galán
Niall Ferguson
Luigi Ferrajoli
Ken Follet
Carlos Fuentes
Joseph Girzone

Javier Gomá
Noha Gordon
Christophe Guilluy
Hein de Haas
Najat el Hachmi
Noreena Hertz
Esteban Ibarra
Michael Ignatieff
Kazuo Ishiguro
José Antonio Jáuregui

Theodor Kallifatides
Immanuel Kant
J.F. Kennedy
Hermann Kesten
Iván Krastev
Paul Krugman
Camila Lackberg
Simona Levi
Raúl Limón
Kiko Llaneras

Adolfo Llorente
Joseph Losavio
Amín Maalouf
Nelson Mandela
Heinrich Mann
Nelson Manrique
Montaigne
Edgard Morín
Christina Morina
Kenizé Mourad

Julia Navarro
Martha Nussbaum
John Nieto Philips
Ignacio Pérez-Ciordia
Arturo Pérez-Reverte
Manuel Pimentel
Ramiro Pinilla
Carmen Posadas
Mario Puzo
Andrea Rizzi

Michael Roes
Delano Roosevelt
Juanjo Sánchez Arreseigor
Santiago Sánchez Benavides
Antonio Scurati
Julia Shersheneva

Alfred Shmueli
Baruch Spinoza
John Steinbeck
Preta de Sutter

Fernando Vallespin
Xabier Vidal-Folch
Patrick Weber
Ai Weiwei
Louisa Yousfi